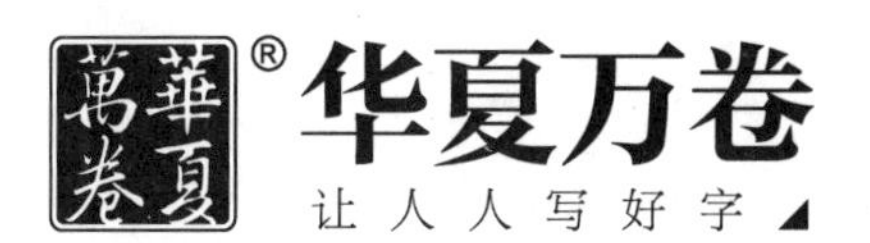

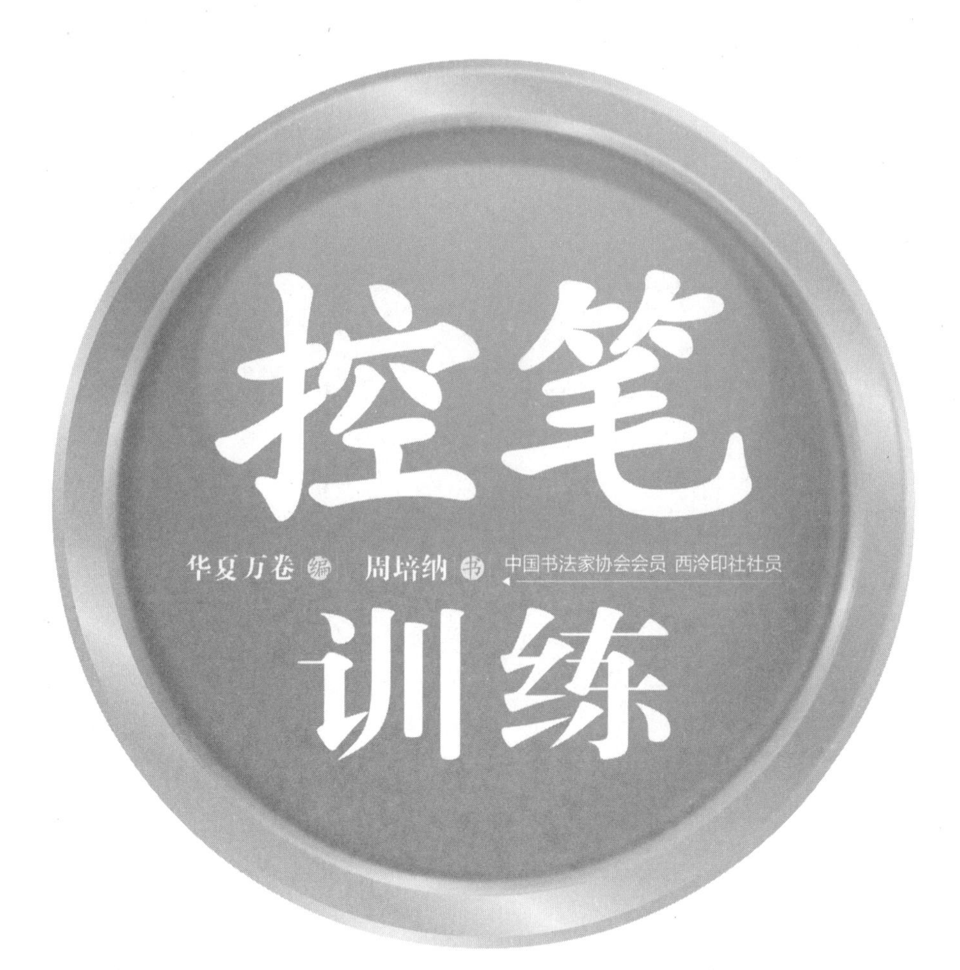

v3.0

楷书入门 高效图解版

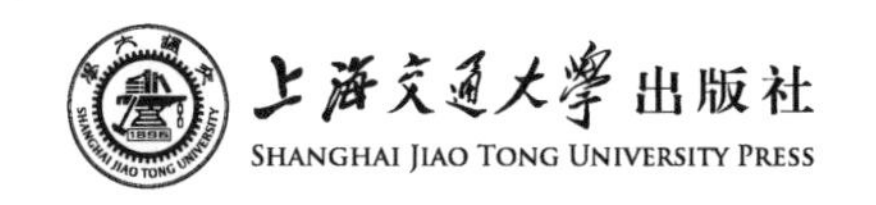

目 录

CONTENTS

控笔训练准备课

为什么要进行控笔训练

初学者在练字时笔画总是写不到位，大多数情况是因为运笔不稳定，这和缺少系统性的控笔训练有关。顾名思义，控笔训练就是帮助练字者掌控“笔”的训练。只有熟练地控笔，让笔“指哪打哪”，才能写出高质量的笔画。

本书从稳定性控笔、长短距离控笔、多向控笔、力度控笔等几个方面进行系统性的训练，以帮助初学者通过反复的控笔练习，达到“手笔合一”的效果。

使用上，初学者可先了解书写提示和训练目标，再进行实线描红、虚线描红和控笔检验，培养控笔能力，然后趁热打铁，进行控笔图形相关笔画和例字的训练，学以致用。

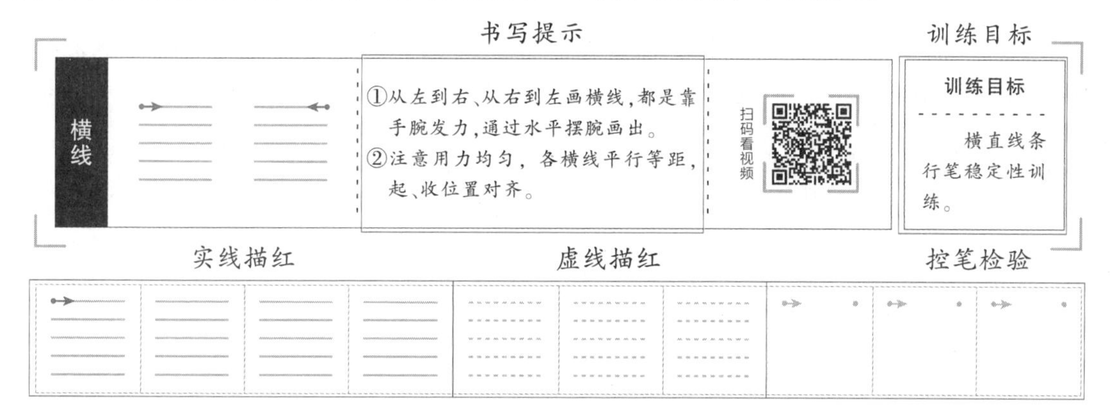

坐姿和握笔姿势

1. 正确坐姿

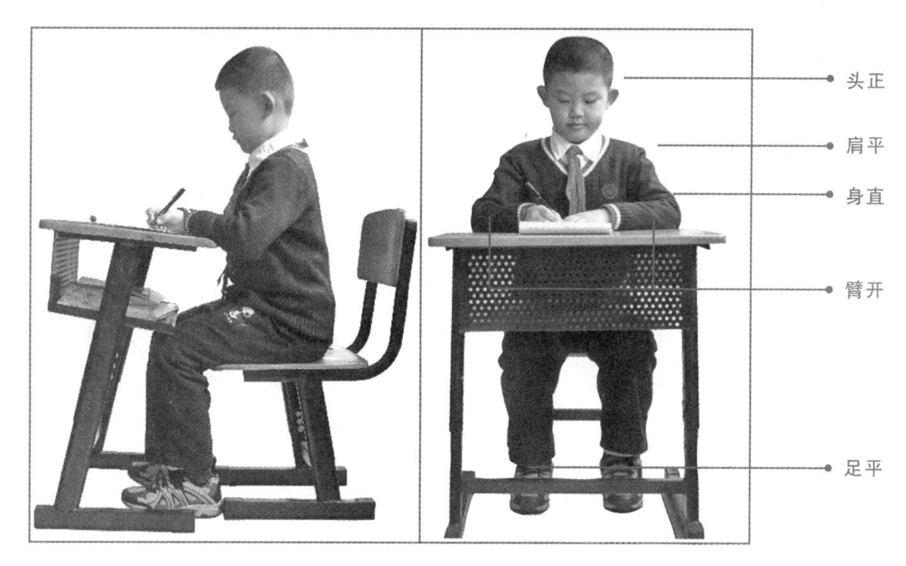

侧面图　　正面图

2. 正确执笔分解步骤图

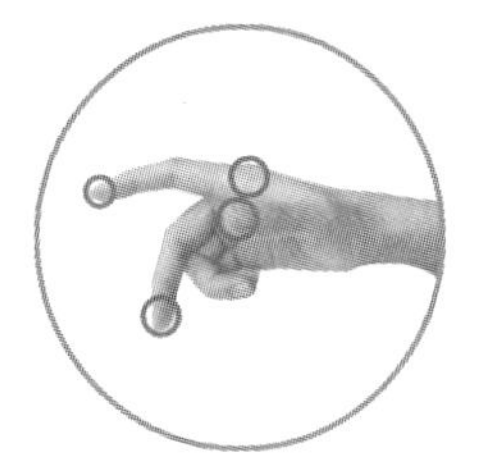

四点执笔

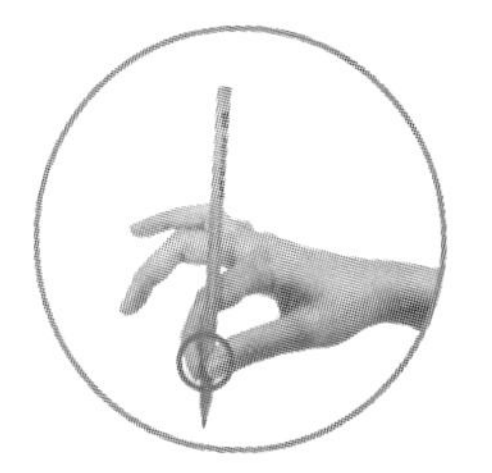

两指捏紧

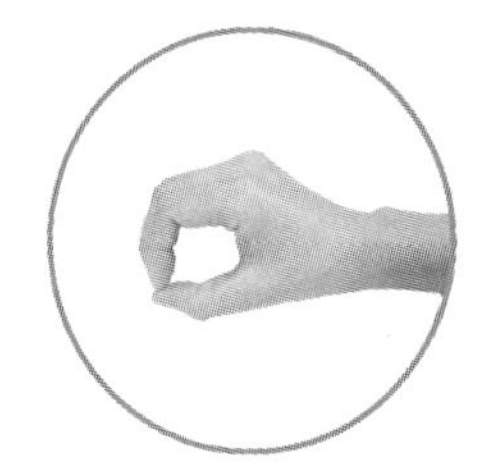

形如鸡蛋

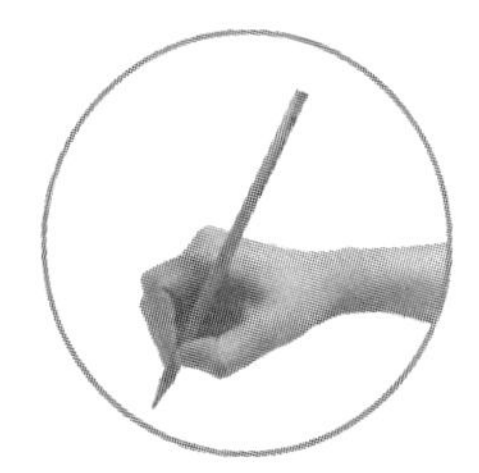

正确的握笔姿势

稳定性控笔

横　　线

横线

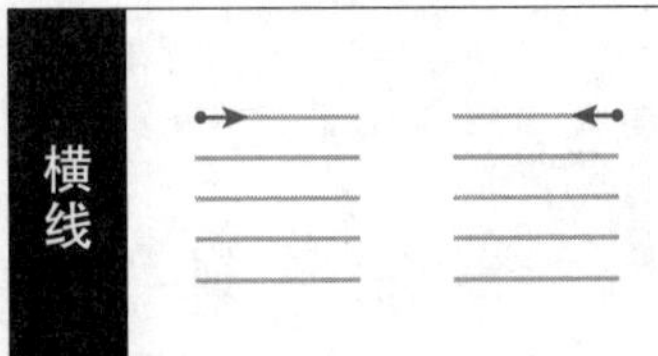

①从左到右、从右到左画横线，都是靠手腕发力，通过水平摆腕画出。
②注意用力均匀，各横线平行等距，起、收位置对齐。

扫码看视频

训练目标

横直线条行笔稳定性训练。

横线相关笔画训练

横画

先斜后平 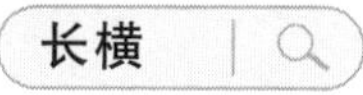 先细后粗

横画通常较直，从左到右书写，它的形态和写法与横线有些相似。横画角度不要太平，要稍微向上倾斜。书写时以腕为主要发力点，写出力度，画身要直不要软。

扫码看视频

训练目标

掌握横画的不同写法。

长横

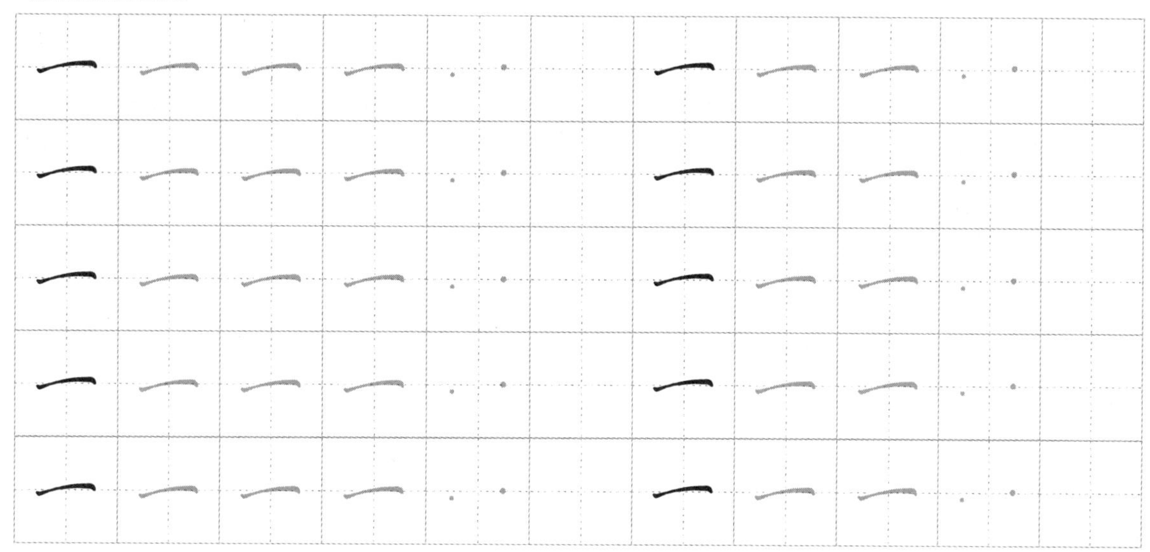

中横

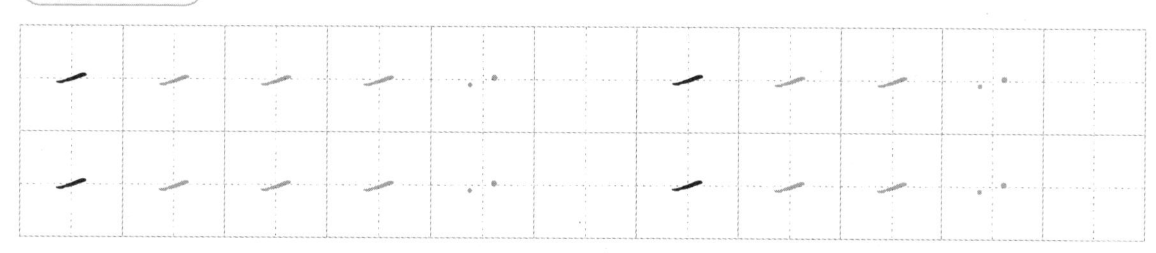

短横

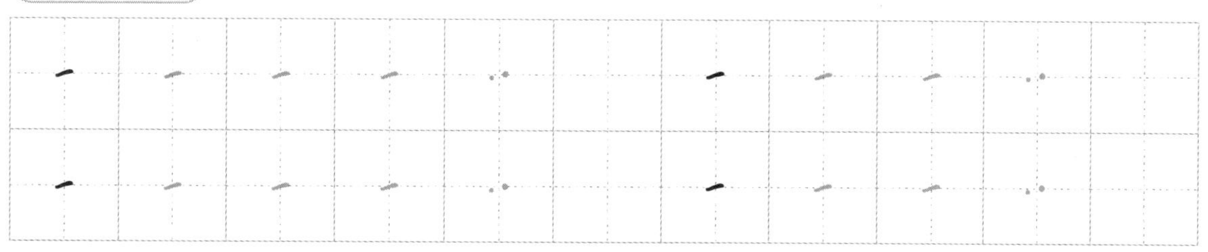

Boom 新手练字诀窍 1

横画根据长度可以分为长横、中横和短横。横画通常左低右高，书写时稍微向右上倾斜，倾斜的角度不要太夸张。横画在字中要注意与其他笔画协调搭配，这样才能平衡字的整体结构。此外，一个字中有多个横画时，横画间距基本相等。横向线条的练习能为横画的书写打下坚实的基础，所以要注重横线控笔能力的培养。

竖 线

竖线

①从上向下画竖线时，主要是食指发力；从下向上画时，主要是中指发力。
②注意用力均匀，各竖线平行等距，起、收位置对齐。

扫码看视频

训练目标

竖直线条行笔稳定性训练。

竖线相关笔画训练

竖画

竖画通常较直，从上到下书写，它的形态和写法与竖线有些相似。竖画应写得挺拔有力，注意画身要垂直，不要倾斜。

扫码看视频

训练目标

掌握竖画的不同写法。

垂露竖

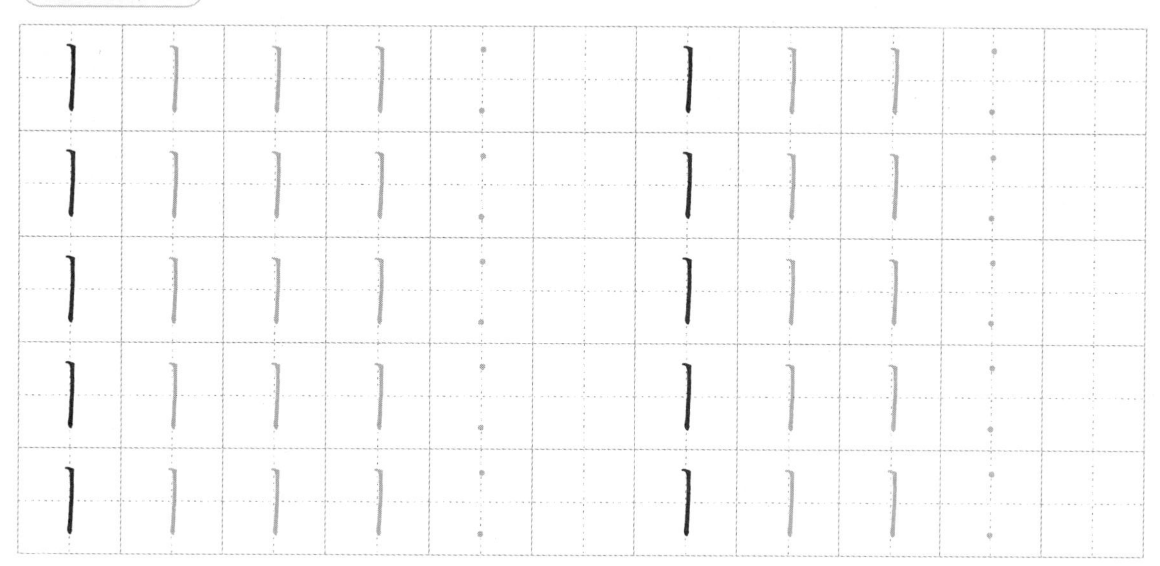

悬针竖

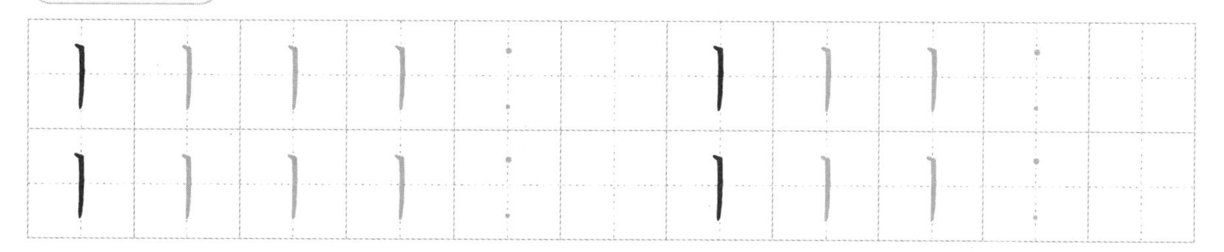

短竖

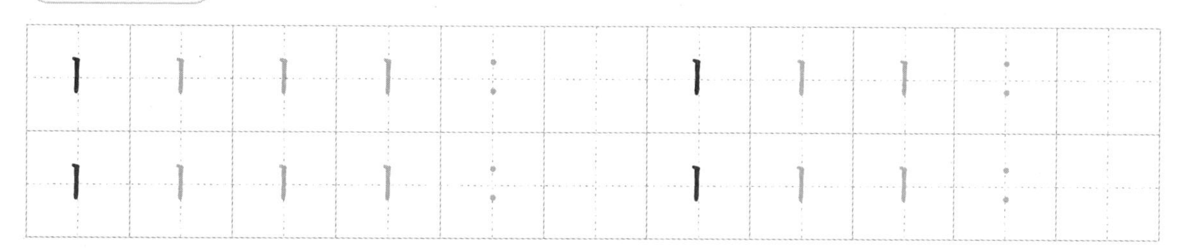

新手练字诀窍 2

竖画根据长度可以分为长竖和短竖，根据竖末形态可以分为垂露竖和悬针竖。垂露竖直挺有力，尾部呈露珠状。若竖画不是最后一笔，通常使用垂露竖。悬针竖下部渐渐地提笔，收笔处提笔出尖。末竖居中或居右时，可以写作悬针竖。

左 斜 线

左斜线

①正向和反向画左斜线,主要是手腕发力。
②注意各线条平行等距,倾斜角度一致,起、收位置对齐。

扫码看视频

训练目标

左斜直线条行笔稳定性训练。

左斜线相关笔画训练

撇画

先重后轻　略带弧度

撇画的写法与左斜线的画法相似。撇画形态舒展，由重到轻，略带弧度。练习撇画时，注意弧度不要大，不要写弯。

扫码看视频

训练目标

掌握不同角度和弧度的撇画写法。

斜撇

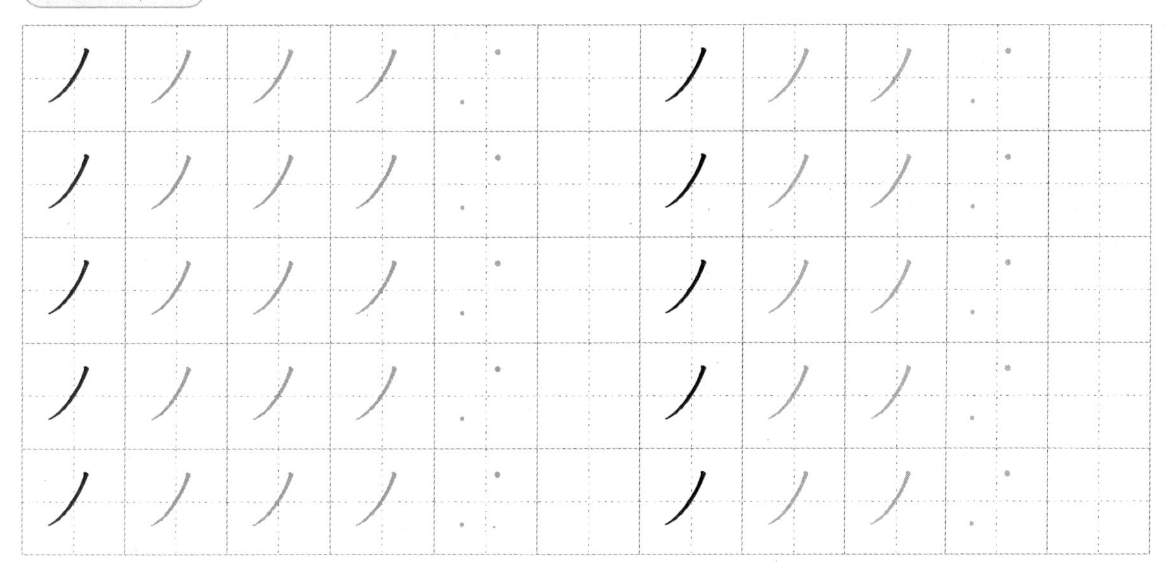

竖撇

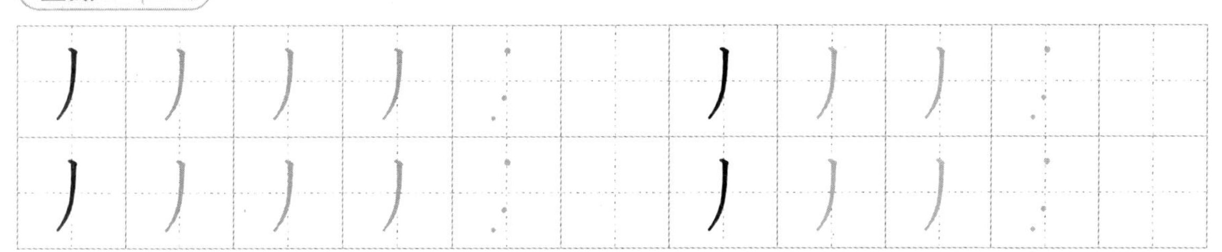

短撇

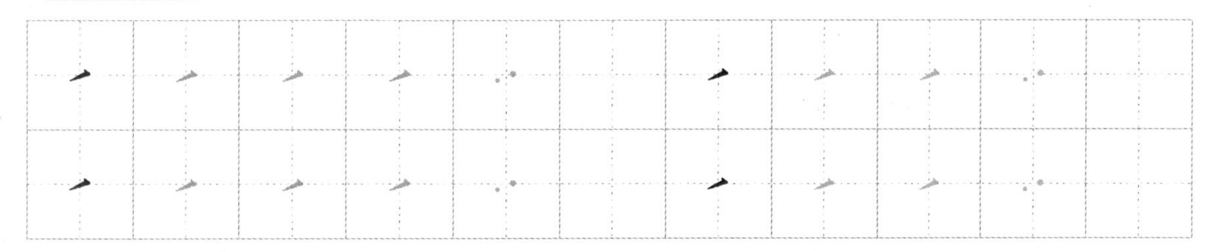

新手练字诀窍 3

撇画根据倾斜角度可以分为斜撇、竖撇和短撇。短撇是相对长撇而言的，整体形态稍短，水平夹角稍小，也叫平撇。竖撇和斜撇的倾斜角度不同，竖撇上半段较直。当撇画在字中作为主笔存在时，撇画形态舒展。一个字中有多个撇画时，撇画大致平行，如形、彩、很等字。左斜线的练习能为撇画的书写打下坚实的基础，所以要注重左斜线控笔能力的培养。

右 斜 线

右斜线

①正向画右斜线时，主要是食指发力；反向画时，主要是中指发力。
②注意各线条平行等距，倾斜角度一致，起、收位置对齐。

扫码看视频

训练目标

右斜直线条行笔稳定性训练。

右斜线相关笔画训练

捺画

先轻后重　方向改变

捺画的书写与右斜线的画法相似。捺画形态舒展，由轻到重，有曲折变化。练习捺画时，注意运笔方向变化，收笔要出锋。

扫码看视频

训练目标

掌握不同角度和弧度的捺画写法。

斜捺

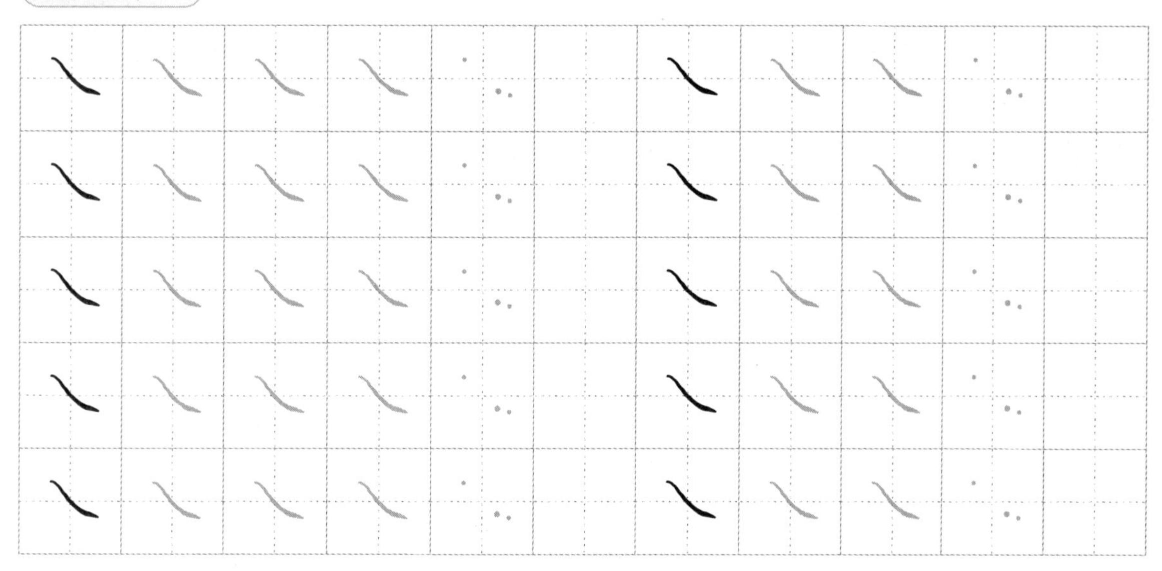

平捺

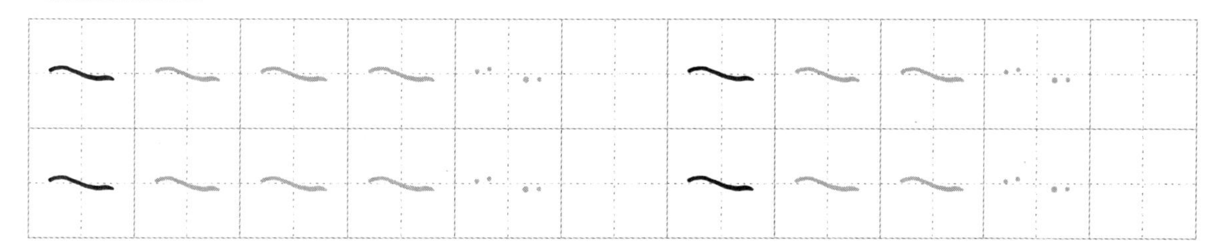

反捺

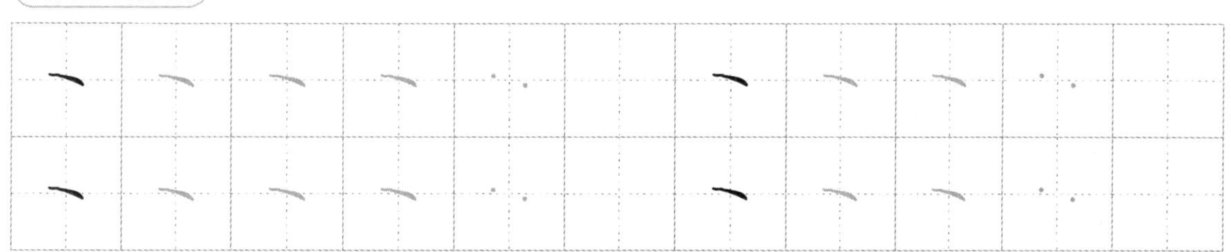

新手练字诀窍 4

常见的捺画有斜捺、平捺和反捺三种。斜捺和平捺形态舒展，在字中往往作为主笔存在。斜捺"捺脚"不要往上挑。平捺书写时笔势较平、一波三折，注意不要产生折笔，收笔不要上翘。反捺有点像右点的延伸，一般用于有双捺的字，例如达、秦等字。右斜线的练习能为捺画的书写打下坚实的基础，所以要注重右斜线控笔能力的培养。

横线、竖线组合训练

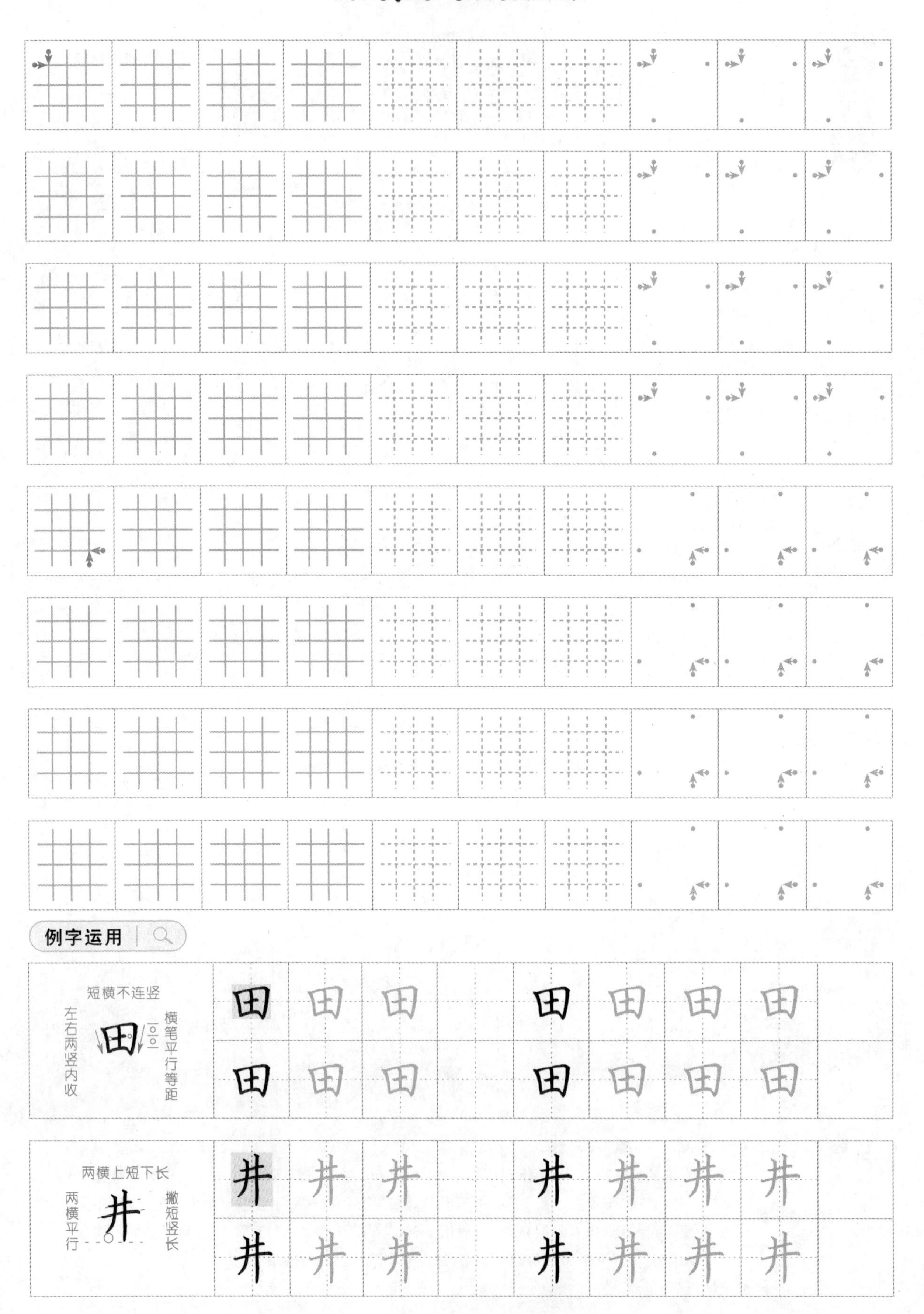

左斜线、右斜线组合训练

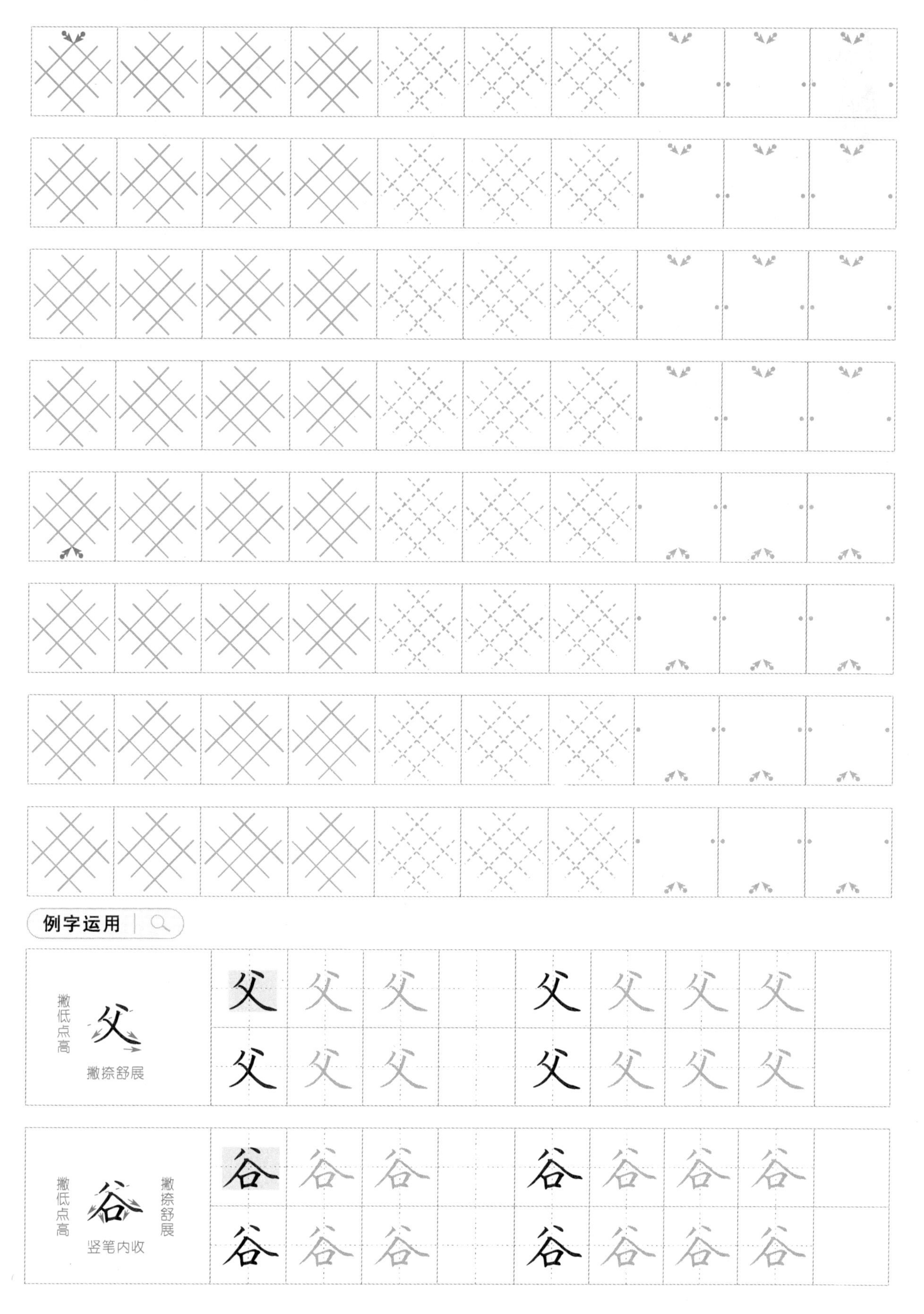

点线

点线

①往右下或左下画点线时，都要求入笔轻、收笔重。
②注意轻重变化，按笔时主要是手指发力。

扫码看视频

训练目标

点线行笔稳定性训练。

点线相关笔画训练

点画

轻入笔

注意长短和角度

点画的写法与点线的画法相似。书写点画时，除了方向、提按、力度之外，还要注意点画虽短小，但书写过程不能省略，不要刚落笔就收笔。

扫码看视频

训练目标

体会并掌握点画的变形。

右点

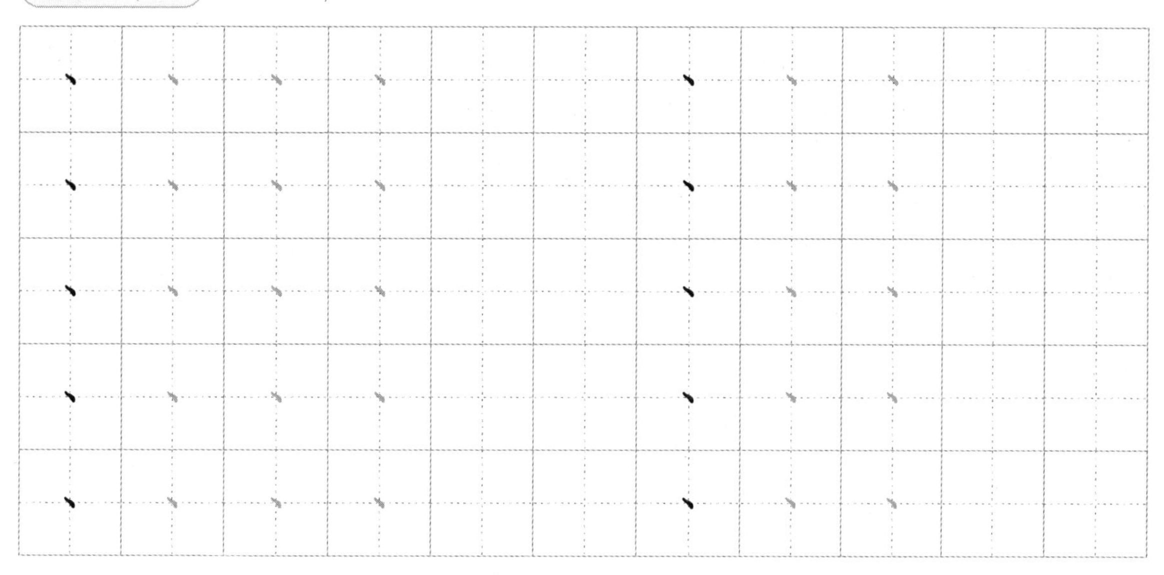

左点

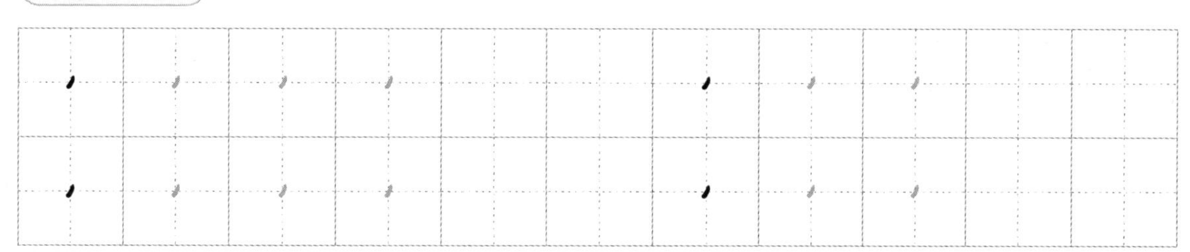

长点

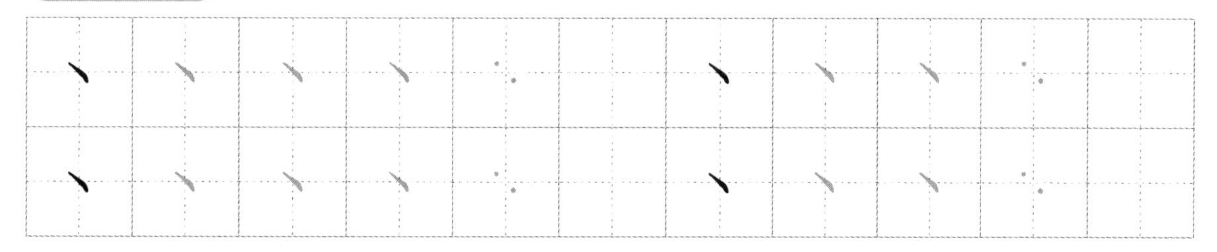

Boom 新手练字诀窍5

点画根据倾斜方向可分为左点和右点。点画是出现频率最高、应用范围最广的笔画。书写点画时，由轻到重行笔，头细尾粗，肚要饱满。练习过程中，注意用笔转换的连贯性。如果字中最后一笔是右点，一般写作长点，例如头、兴等。点画的书写难度很大，其规律和技巧须在练习中认真体会。

提 线

提线

①向右上画提线时，要求入笔重，由重到轻行笔。
②按笔时手指发力，提笔时手腕发力。

扫码看视频

训练目标

提线行笔稳定性训练。

提线相关笔画训练

提画

起笔稍顿 笔画舒展

提画的写法与提线的画法相似。书写提画时，下笔要重，行笔要稳，逐渐变轻，最后抬笔，有明显的轻重变化。此外，还需控制提画的角度以及长度。

扫码看视频

训练目标

体会并掌握提画的变形。

长提

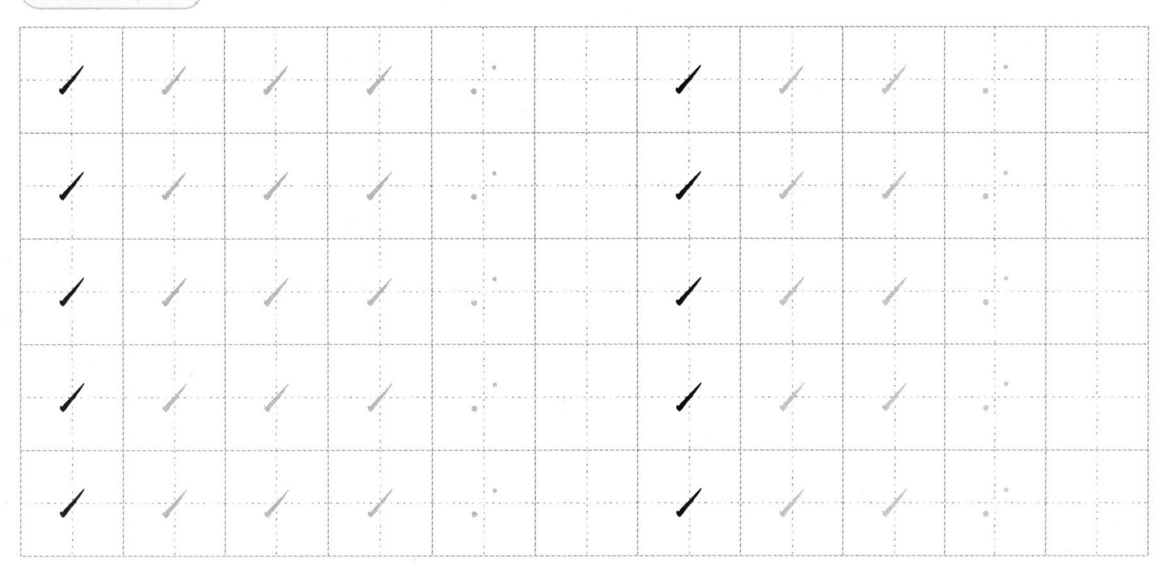

短提

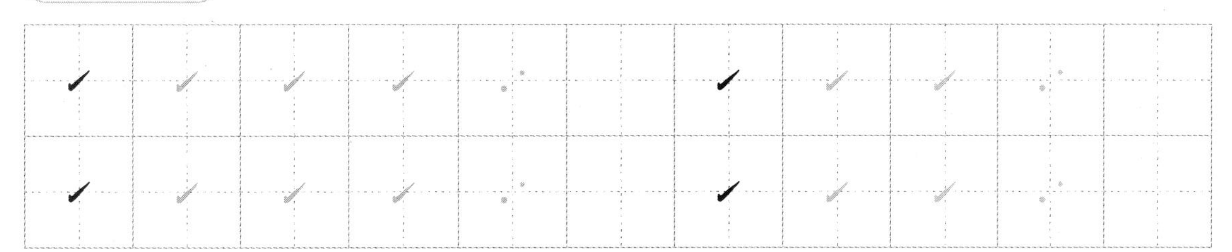

竖提

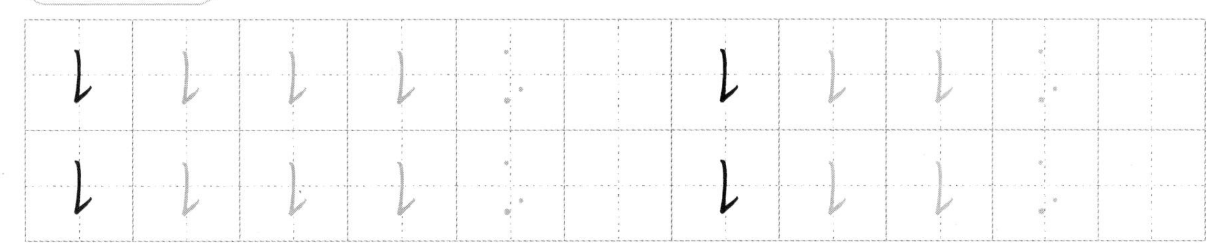

新手练字诀窍 6

提画根据长度可以分为长提和短提。提画通常下笔较重，由重到轻从左下到右上行笔，收笔要出尖。当提出方向无笔画阻挡时，通常用长提，如刁、孑。当提出方向有笔画阻挡时，通常用短提，如场、班。此外，竖画和提画组合为竖提，竖提与撇捺组合书写时，收笔位置最低，如衣、农。书写提画及相关笔画时应注意这些区别。

横折线

横折线

①横折线一笔画成，折角要方。转折处略停顿，但不能停太久，否则折角不方。
②各线条起、收位置对齐，折角处于同一斜线上。

扫码看视频

训练目标

横折线行笔稳定性训练。

横折线相关笔画训练

横折

横笔由轻到重　折角较方　竖笔内收

横折的写法与横折线的画法相似。横折由横画和竖画组成，先从左到右写横画，横画末端转笔再写竖画，转折处略方。注意横画和竖画起、收笔位置轻顿。

扫码看视频

训练目标

掌握横折的延伸笔画及转折变化。

横折

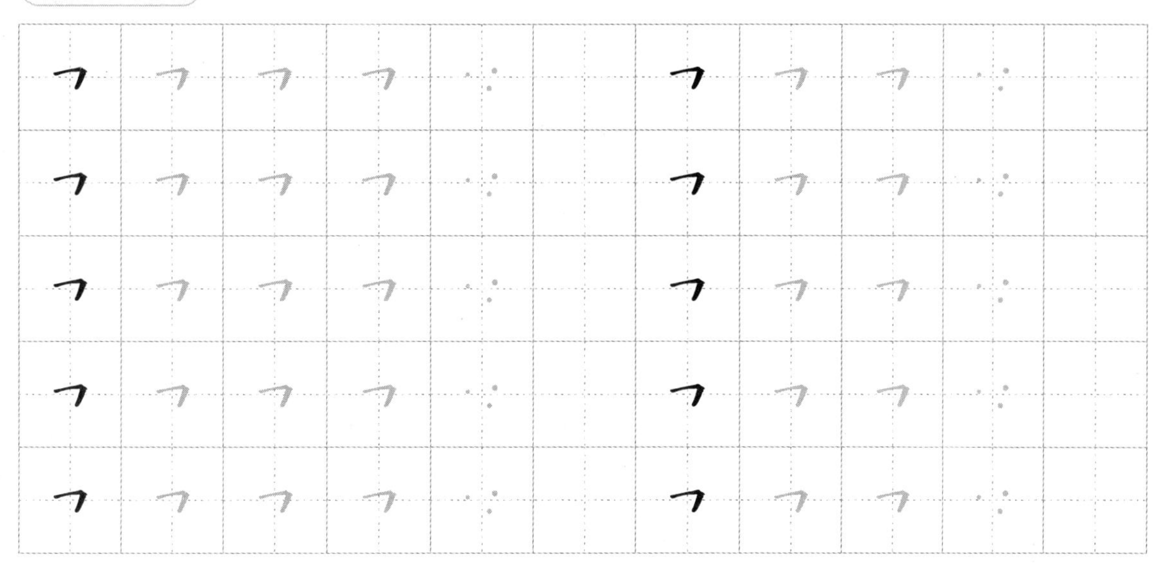

横折钩

横折折折钩

Boom 新手练字诀窍 7

由横折线延伸出来的笔画有横折、横折钩、横折折折钩等。书写横折时，转折处不能生硬、夸张，要保持转折处的自然。不同字中的横折钩是有区别的，如“刀”的横折钩竖笔内收，“月”的横折钩竖笔垂直。横折折折钩的转折较多，注意角度变化。折画的用笔关键在转折处，要写得自然、有力。

竖 折 线

竖折线

①与横折线相似，要一笔画成，折角要方。
②各折线由外向内，依次减短，注意平行等距。

扫码看视频

训练目标

竖折线行笔稳定性训练。

竖折线相关笔画训练

竖折

顿笔下行　横笔扛肩

竖折的写法与竖折线的画法相似。竖折由竖画和横画组成，先从上到下写竖画，竖末转笔再写横画，转折处要稍微停顿蓄势，让横画富有力量感。

扫码看视频

训练目标

掌握竖折的延伸笔画及转折变化。

竖折

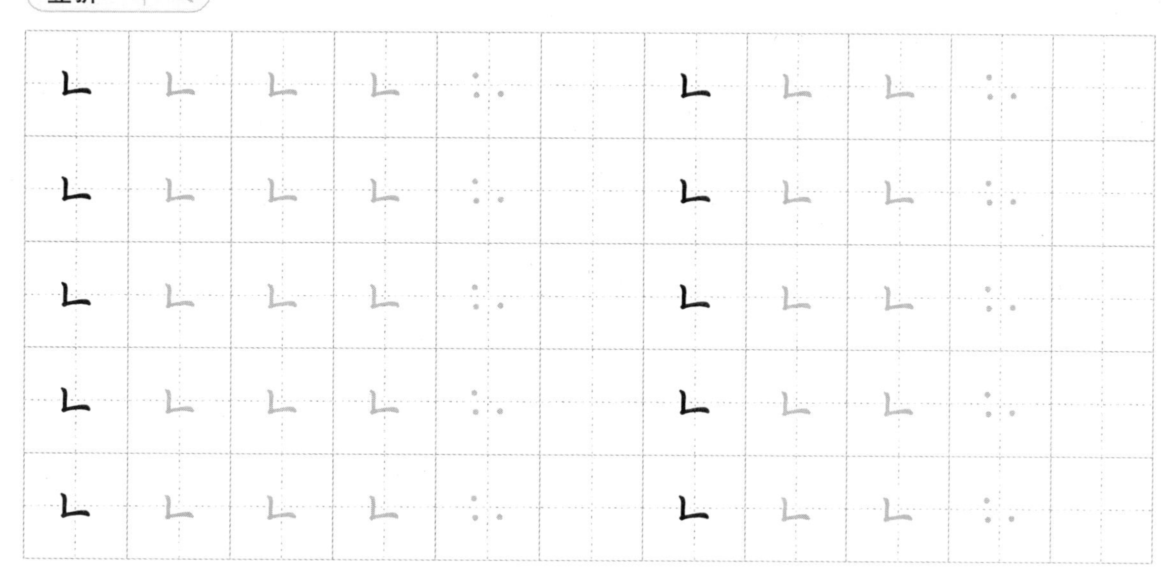

竖折撇

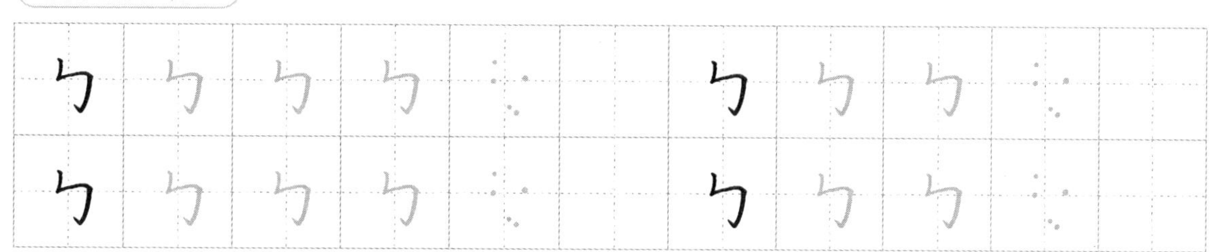

竖折折钩

Boom 新手练字诀窍8

由竖折线延伸出来的笔画有竖折、竖折撇、竖折折钩等。书写竖折时，转折处不能生硬、夸张，也不可写得过于圆滑。在不同的字中，竖折的竖画长短是有区别的，如山、区。竖折撇的竖笔不可过斜，横画宜短，撇向左斜，角度不宜太大。竖折折钩中竖画略向左斜，横要平，左折方，右折稍微圆转。在练习过程中，注意用笔转换的连贯性。

本页练习时间：______分钟

点线、提线组合训练

例字运用

横撇不连竖钩
左部右齐
冰
竖钩直挺

冰 冰 冰 冰 冰 冰 冰
冰 冰 冰 冰 冰 冰 冰

"工"部居中
三点水呈弧形
江
竖画左斜

江 江 江 江 江 江 江
江 江 江 江 江 江 江

横折线、竖折线组合训练

例字运用

横笔上斜 也 竖笔间距均匀 竖弯钩伸展

也 也 也 也 也 也 也
也 也 也 也 也 也 也

外框方正 因 右竖稍长 捺画变点

因 因 因 因 因 因 因
因 因 因 因 因 因 因

鱼鳞曲线

鱼鳞曲线

①正向画鱼鳞曲线时，主要是手腕带动食指发力；反向画时，主要是手腕带动中指发力。
②注意用力均匀，各曲线弧度一致。

扫码看视频

训练目标

鱼鳞曲线行笔稳定性训练。

 本页练习时间：______分钟

鱼鳞曲线相关笔画训练

斜钩

略带弧度　出钩向上

斜钩的写法与鱼鳞曲线的画法相似。斜钩整体较长，略带弧度，出钩向上。写斜钩要注意斜度，太直显得死板，太弯显得柔弱。不要写得力弱身弯。

扫码看视频

训练目标

掌握斜钩的弧度变化。

斜钩

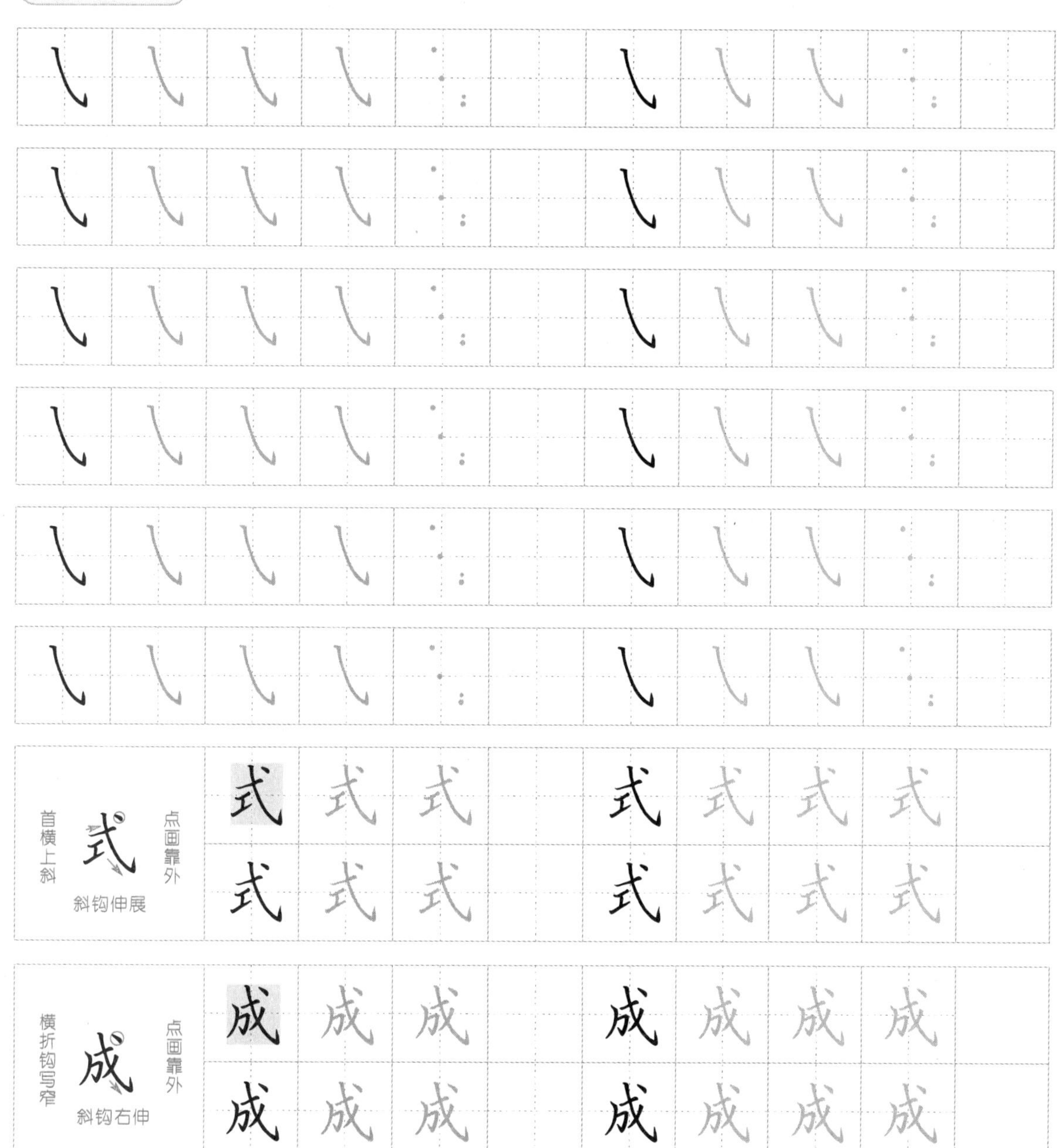

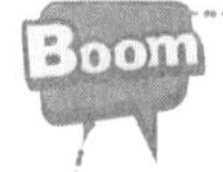

新手练字诀窍 9　钩画不是一种独立的笔画，必须依附在横、竖等笔画上。比较常见的带钩笔画有横钩、横折钩、竖钩、竖弯钩、斜钩、卧钩等。斜钩做主笔时应写得长而舒展。

海鸥线

海鸥线

①与鱼鳞曲线相似，海鸥线可看作两个鱼鳞曲线的组合，指腕配合一笔画成。
②海鸥线起笔、收笔位置大致平行，注意夹角在一条水平线上。

扫码看视频

训练目标

海鸥线行笔稳定性训练。

海鸥线相关笔画训练

撇点

重心平稳　夹角不宜太小

撇点的写法与海鸥线的画法相似。撇点由撇画和点画组成，先从右上往左下写撇，撇笔末端转写点画。注意撇点的夹角不宜太小。

扫码看视频

训练目标

掌握撇点的笔画长短及夹角角度。

撇点

女：横画舒展　撇画形短

好：横撇收敛　提不出头　横画靠上

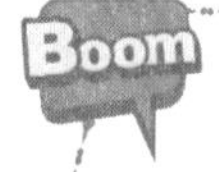

新手练字诀窍 10　当撇点位于女字旁内，通常撇长于点，撇点夹角稍大。撇点转折时不要写得太快，应稍顿笔再向右下行笔，这样才有力度。

波谷曲线

波谷曲线

①波谷曲线为海鸥线逆时针旋转90°，也要一笔画成。

②波谷曲线起笔、收笔位置大致齐平，注意弧度均匀。

扫码看视频

训练目标

波谷曲线行笔稳定性训练。

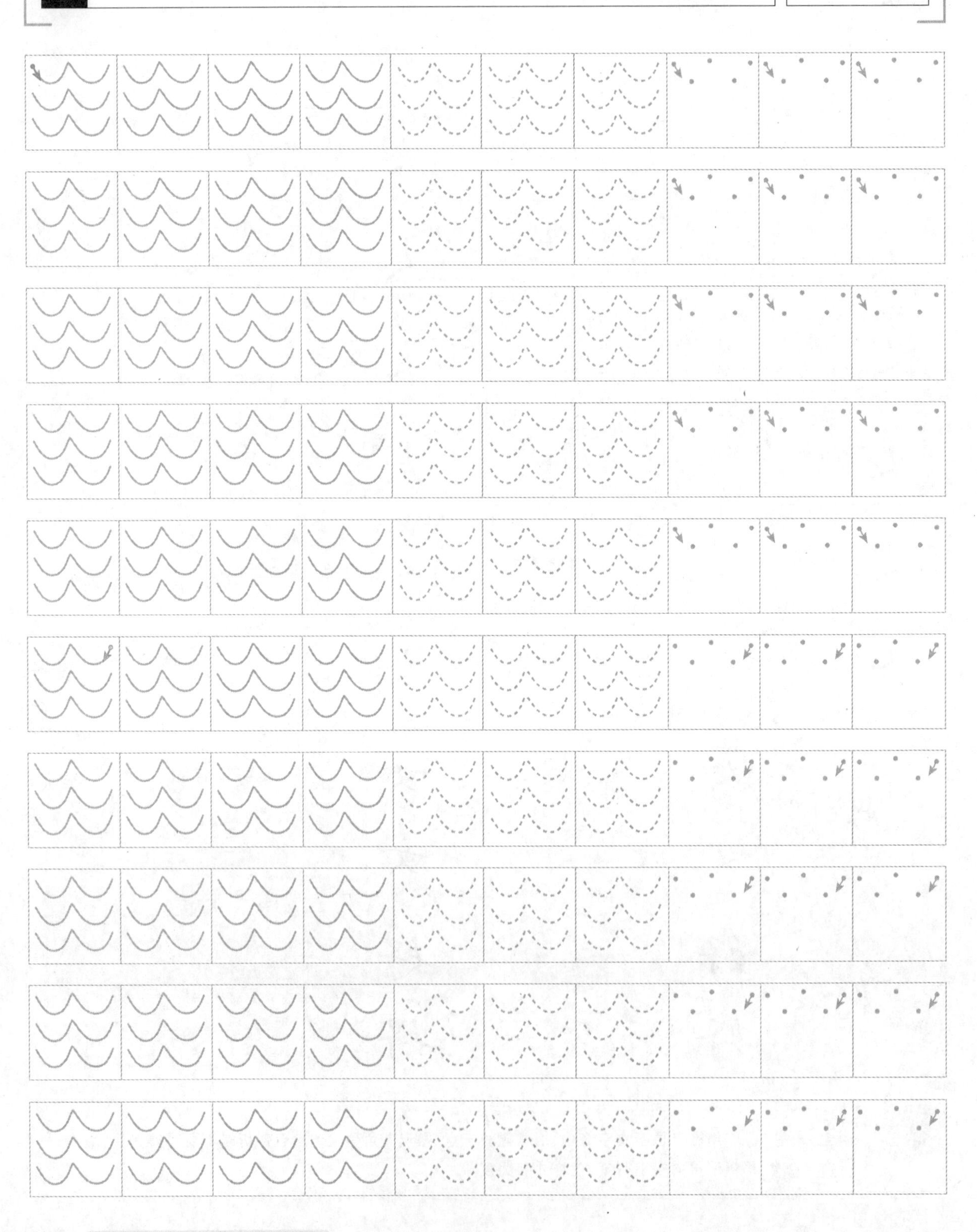

波谷曲线相关笔画训练

卧钩

弧度较大　出钩向左上

卧钩的写法与波谷曲线的画法相似。卧钩从左上向右下画弧线，向左上出钩。弧度要自然，钩要有力度。

扫码看视频

训练目标

掌握卧钩的行笔角度变化。

卧钩

三点呈弧线分布　首点为左点　出钩向左上　心

横画较短　"心"部形扁　态

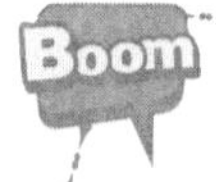

新手练字诀窍 11　卧钩一般作为"心"字第二笔。书写卧钩时要流畅，要有起笔、行笔、收笔，不能平拖，要有轻重变化，不能写得像个火柴棒。

闪电折线

闪电折线

①正向画闪电折线时，靠手腕摆动发力，从上到下转折角度逐渐变大；反向画时，转折角度依次变小。
②起笔、收笔位置和折角处上下对正。

扫码看视频

训练目标

闪电折线行笔稳定性训练。

闪电折线相关笔画训练

撇折

先撇后提 夹角较小

撇折的写法与闪电折线的画法相似。撇折由撇画和提画组成，先从右上到左下写撇画，撇末转笔向右上写提，折处要顿笔，折角不宜大。

扫码看视频

训练目标

掌握撇折的夹角角度控制。

撇折

云：横画上短下长；撇折与长横相连；点画下压

台：撇折上斜；点画下压；“口”部扁平

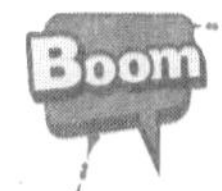

新手练字诀窍 12 当撇折与点组合书写时，撇与提长度相当，如云、台等字。两个撇折组合书写时，撇笔大致平行，如乡、红等字。

长短距离控笔

横 塔 线

横塔线

①与横线相似，横塔线都是靠手腕发力，通过水平摆腕画出。
②从上到下画横线，线条依次加长。

扫码看视频

训练目标

横直线条长短距离训练。

竖 塔 线

竖塔线

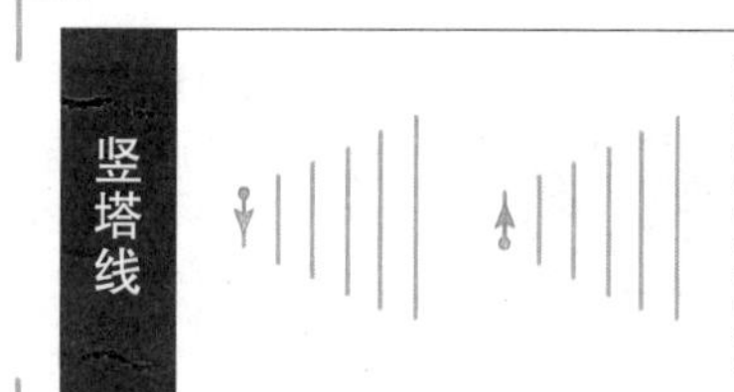

①与竖线相似，从上向下画竖塔线时，主要是食指发力；从下向上画时，主要是中指发力。
②从左到右依次画竖线，线条逐渐加长。

扫码看视频

训练目标

竖直线条长短距离训练。

左弧线

左弧线

①正向和反向画左弧线，主要是手腕发力。
②从左到右各线条依次变长再变短，注意弧线的倾斜角度变化。

扫码看视频

训练目标

左弧线长短距离训练。

右弧线

右弧线

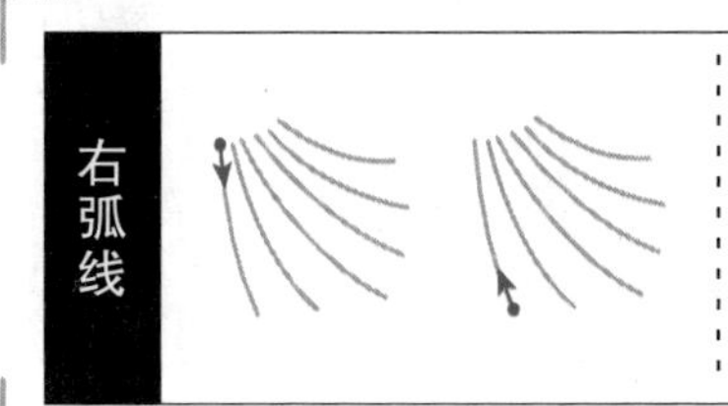

①正向、反向画右弧线都主要靠手腕发力。
②从左到右各线条依次变长再变短，注意弧线的倾斜角度变化。

扫码看视频

训练目标

右弧线长短距离训练。

例字专项练习

前面我们练习了横塔线、竖塔线、左弧线和右弧线，这些线条可以帮助我们加强对笔画长短距离的控制能力。下面我们对相关例字进行集中练习。

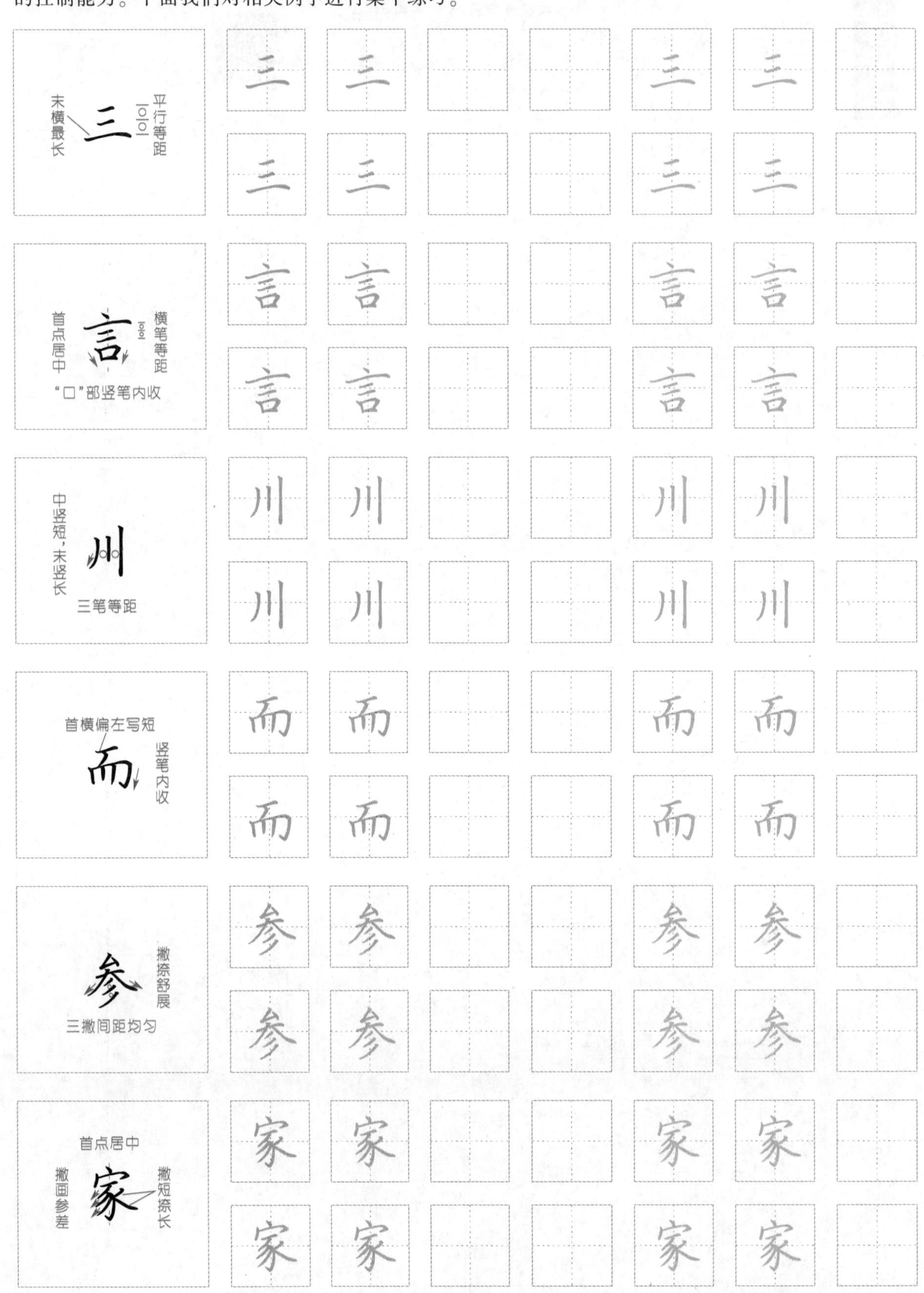

弓字线

弓字线

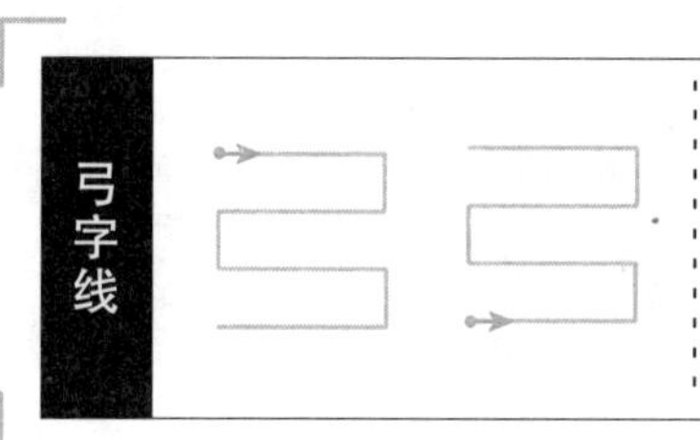

①弓字线是横折线和竖折线的组合，要一笔画成，折角要方。
②注意起、收位置对齐，各横线平行等距。

扫码看视频

训练目标

横折线、竖折线组合训练。

本页练习时间：______分钟

城 墙 线

城墙线

①与弓字线相似，城墙线要一笔画成，折角要方。
②注意起、收位置对齐，各竖线平行等距。

扫码看视频

训练目标

横折线、竖折线组合训练。

半回线

半回线

①半回线也是横折线和竖折线的组合，折角要方。
②注意各折线按由外向内的顺序依次画出，注意横、竖线条分别平行。

扫码看视频

训练目标

横折线和竖折线的组合训练。

三 角 线

三角线

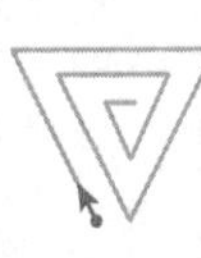
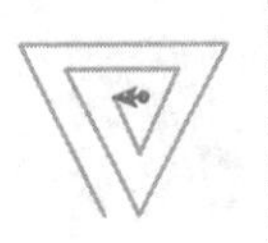

①由外向内顺时针画三角线时，线条逐渐变短；由内向外逆时针画三角线时，线条逐渐变长。
②注意内外线条沿各自方向大致平行等距。

扫码看视频

训练目标

斜向转折线条训练。

例字专项练习

前面我们练习了弓字线、城墙线、半回线和三角线，这些线条可以帮助我们加强对转折笔画的控制能力。下面我们对相关例字进行集中练习。

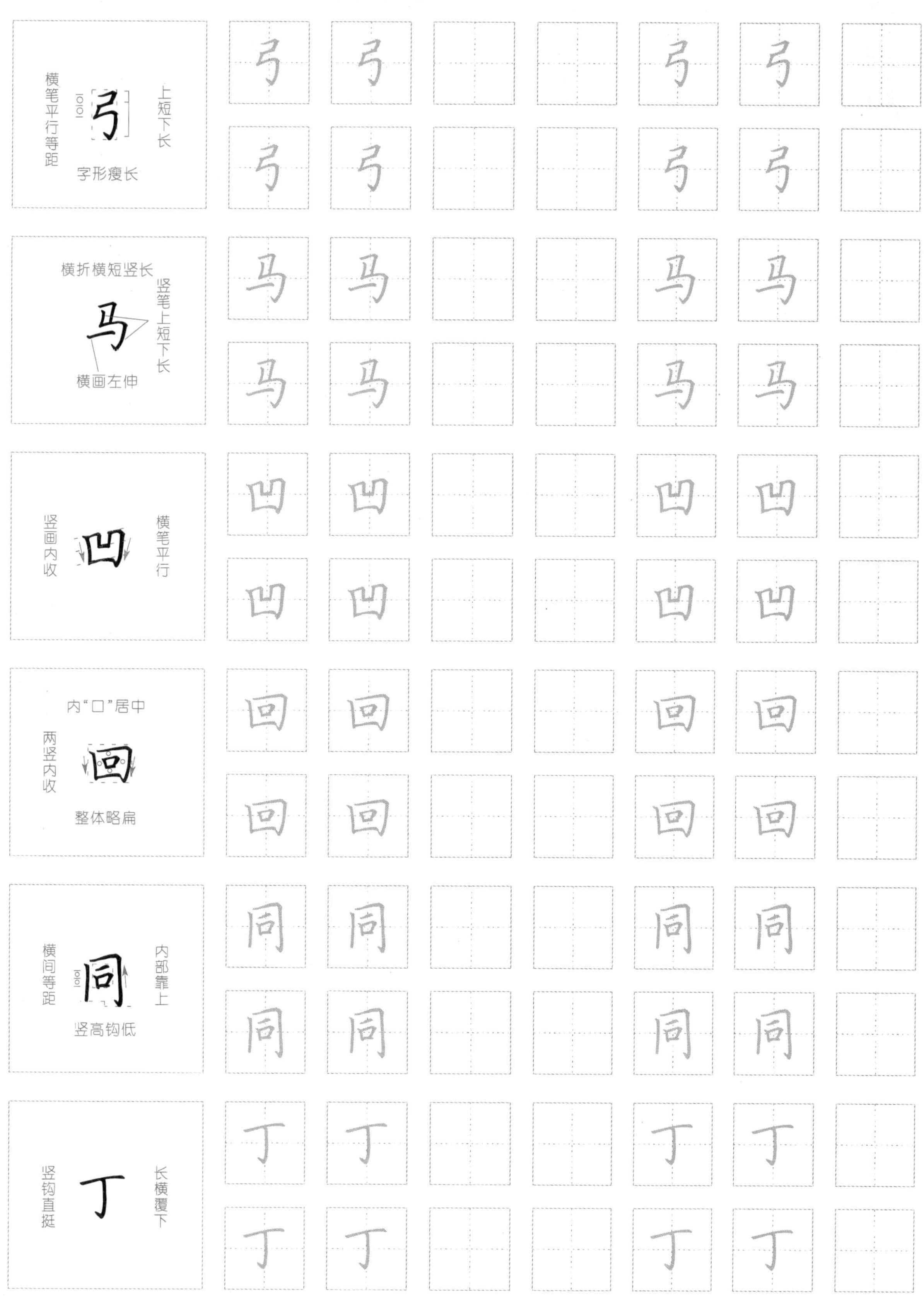

波 浪 线

波浪线

①从上向下、从下向上画波浪线都是靠手腕发力画S形曲线。
②注意用力均匀，各曲线弧度自然，起、收位置对齐。

扫码看视频

训练目标

S形曲线控笔训练。

靶形曲线

靶形曲线

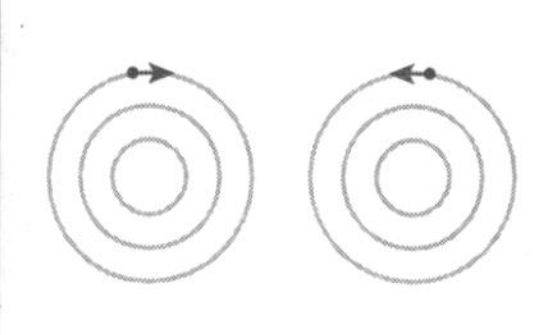

①由外向内顺时针、逆时针画圆圈，线条依次变短，圆圈依次变小。
②注意用力均匀，圆圈的间距相等。

扫码看视频

训练目标

圆圈曲线控笔训练。

本页练习时间：______分钟

多向控笔

左射线

左射线

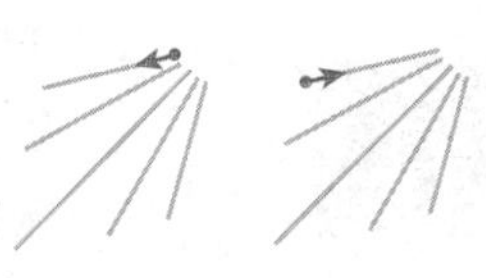

①与左弧线相似，正向、反向画左射线都主要靠手腕发力。
②注意线条倾斜角度的变化和长短变化。

扫码看视频

训练目标

长度和倾斜角度变化的左射线训练。

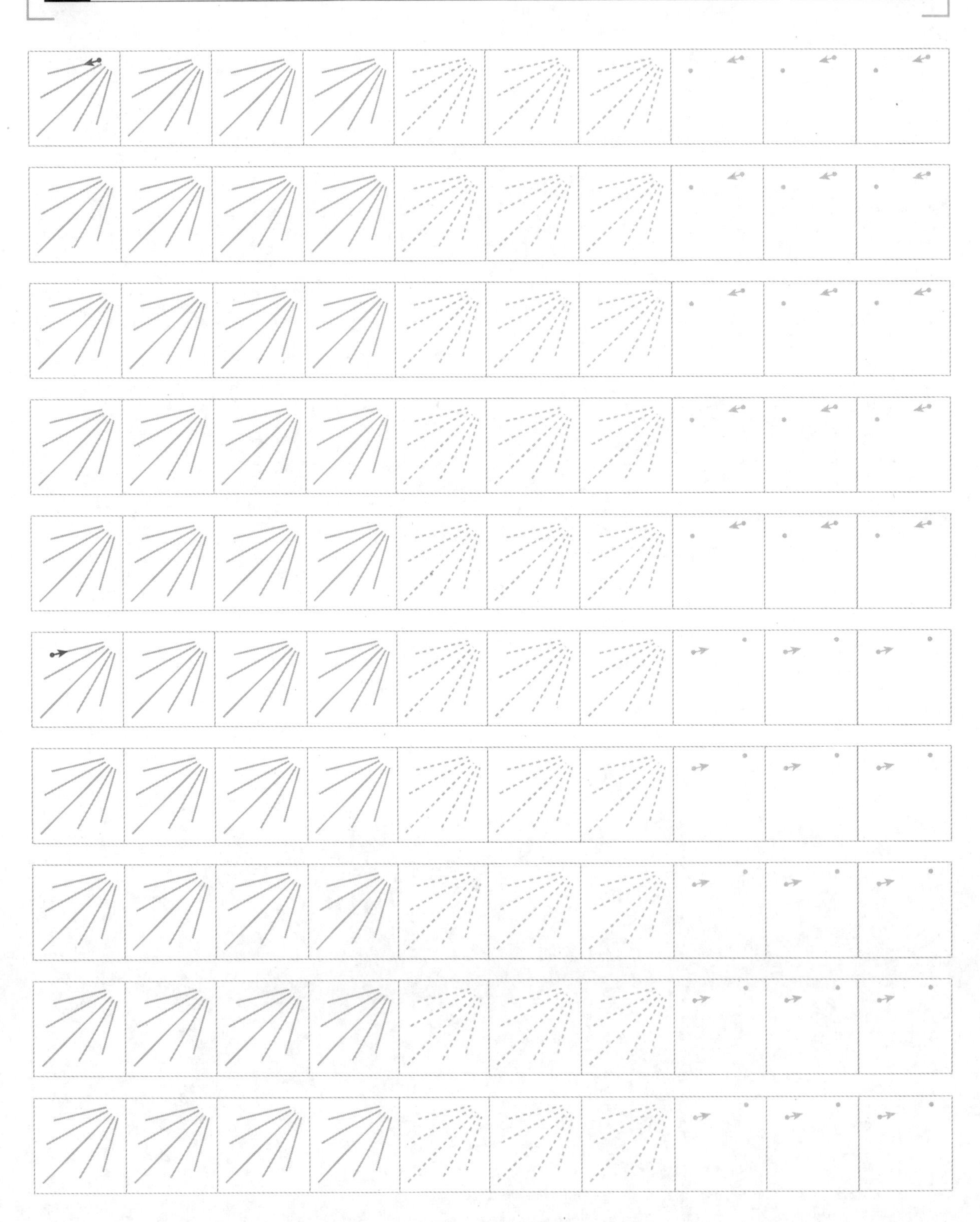

右射线

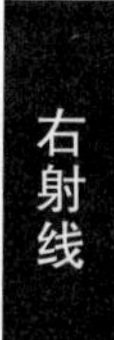

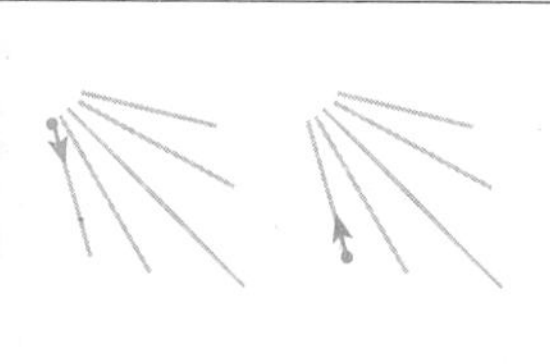

①与右弧线相似，正向、反向画右射线都主要靠手腕发力。
②注意线条倾斜角度的变化和长短变化。

扫码看视频

训练目标

长度和倾斜角度变化的右射线训练。

本页练习时间：________分钟

例字专项练习

前面我们练习了波浪线、靶形曲线、左射线和右射线,这些线条可以帮助我们加强对弯曲笔画和不同方向笔画的控制能力。下面我们对相关例字进行集中练习。

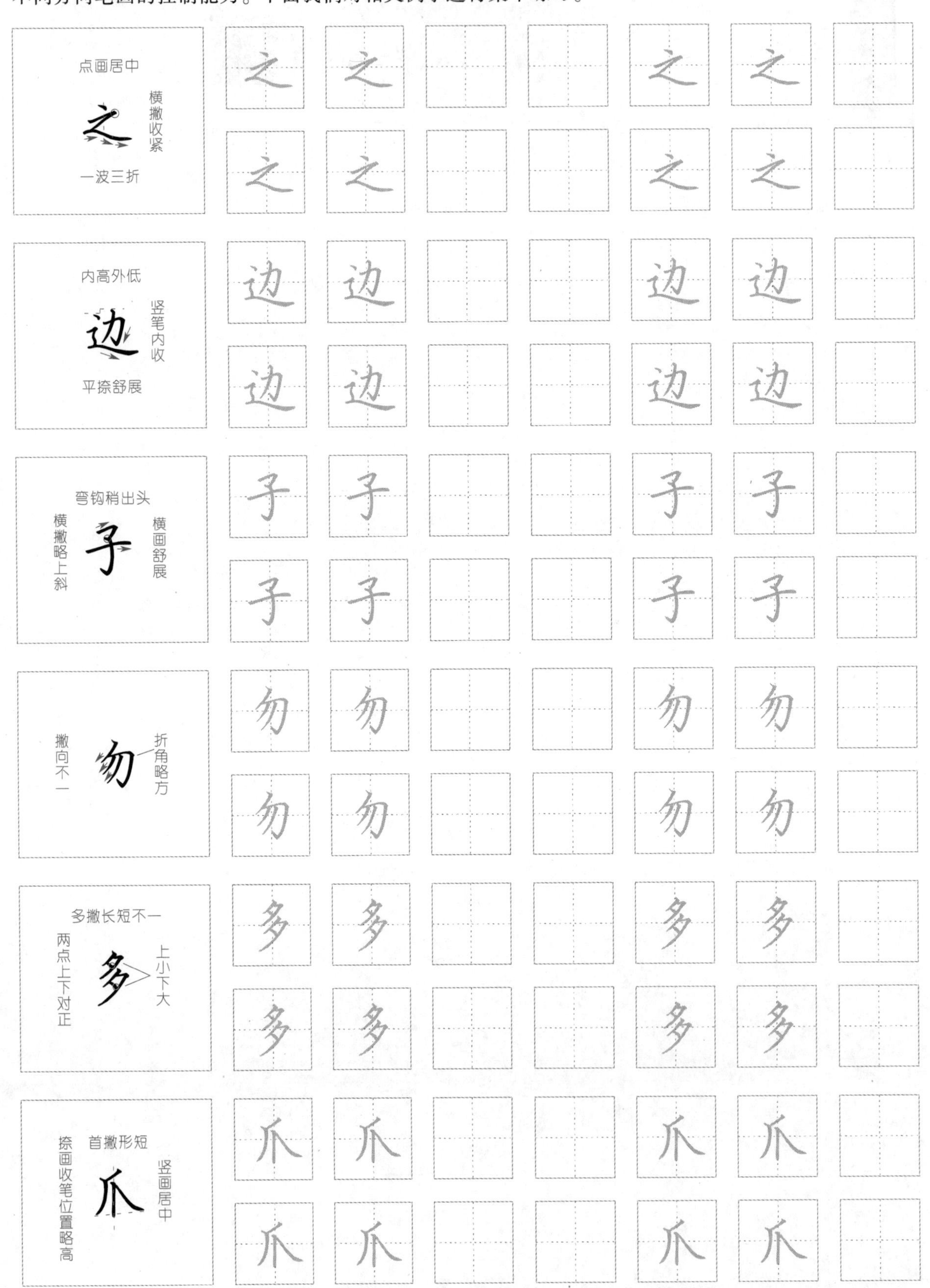

树 形 线

树形线

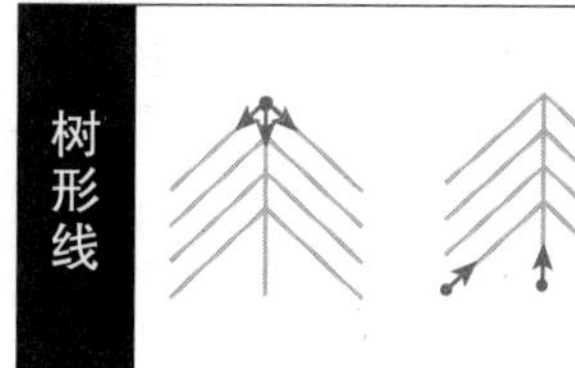

①正向画时，先从上到下画竖线，再从中间往两侧画斜线。反向画时，先从下向上画竖线，再从两侧往中间画斜线。
②注意同侧斜线平行，倾斜角度一致。

扫码看视频

训练目标

竖线和方向相反的斜线组合训练。

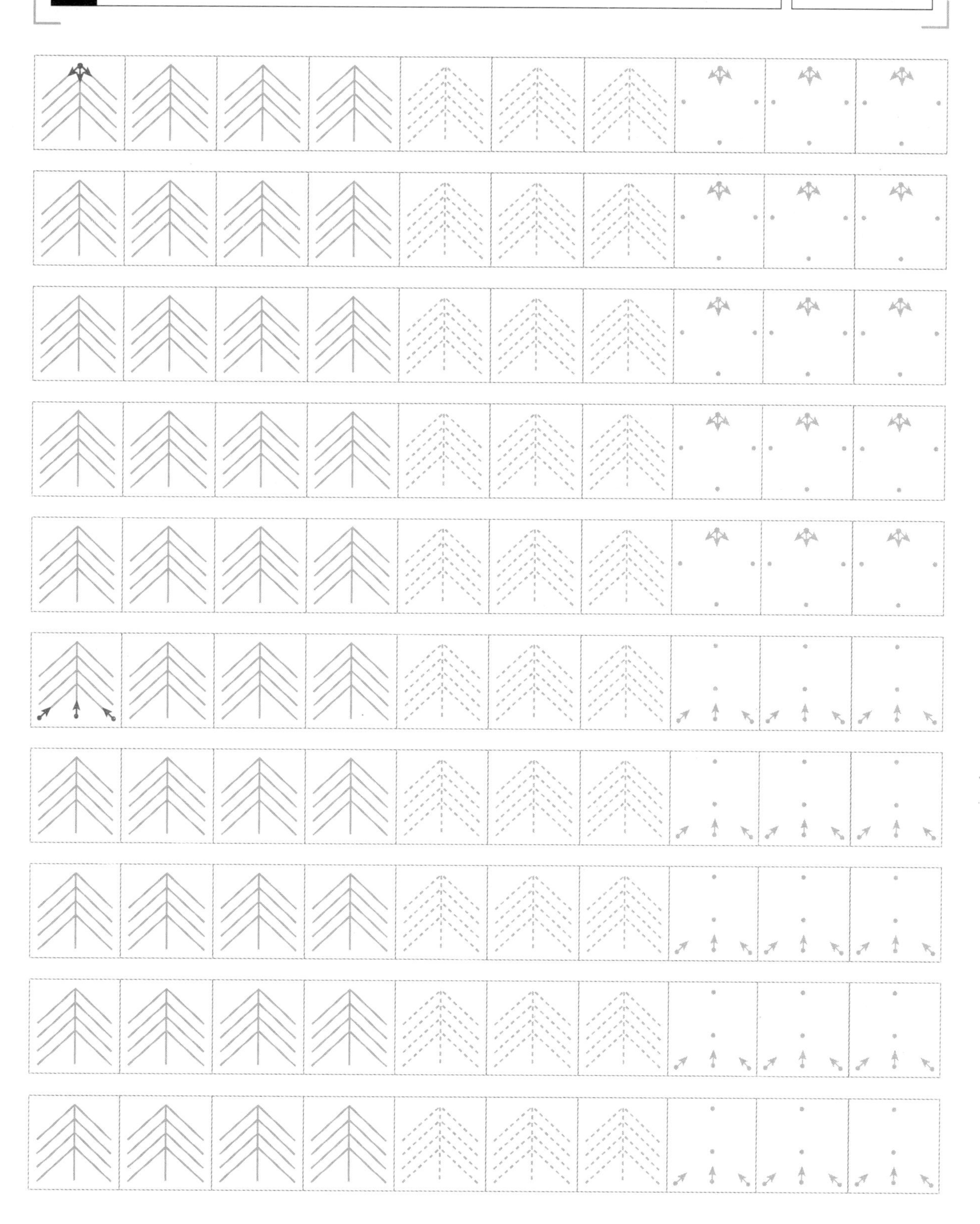

本页练习时间：________分钟

星 形 线

星形线

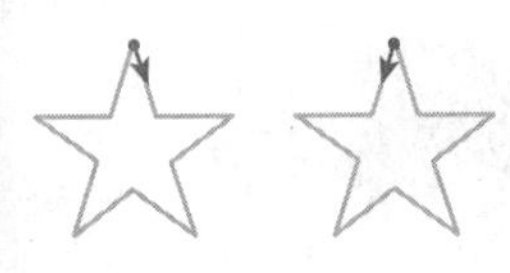

①先顺时针方向画星形线，再逆时针方向画星形线，要求一笔画成。
②注意组合线条长度相等，线条折角大小一致。

扫码看视频

训练目标

不同方向的折线组合训练。

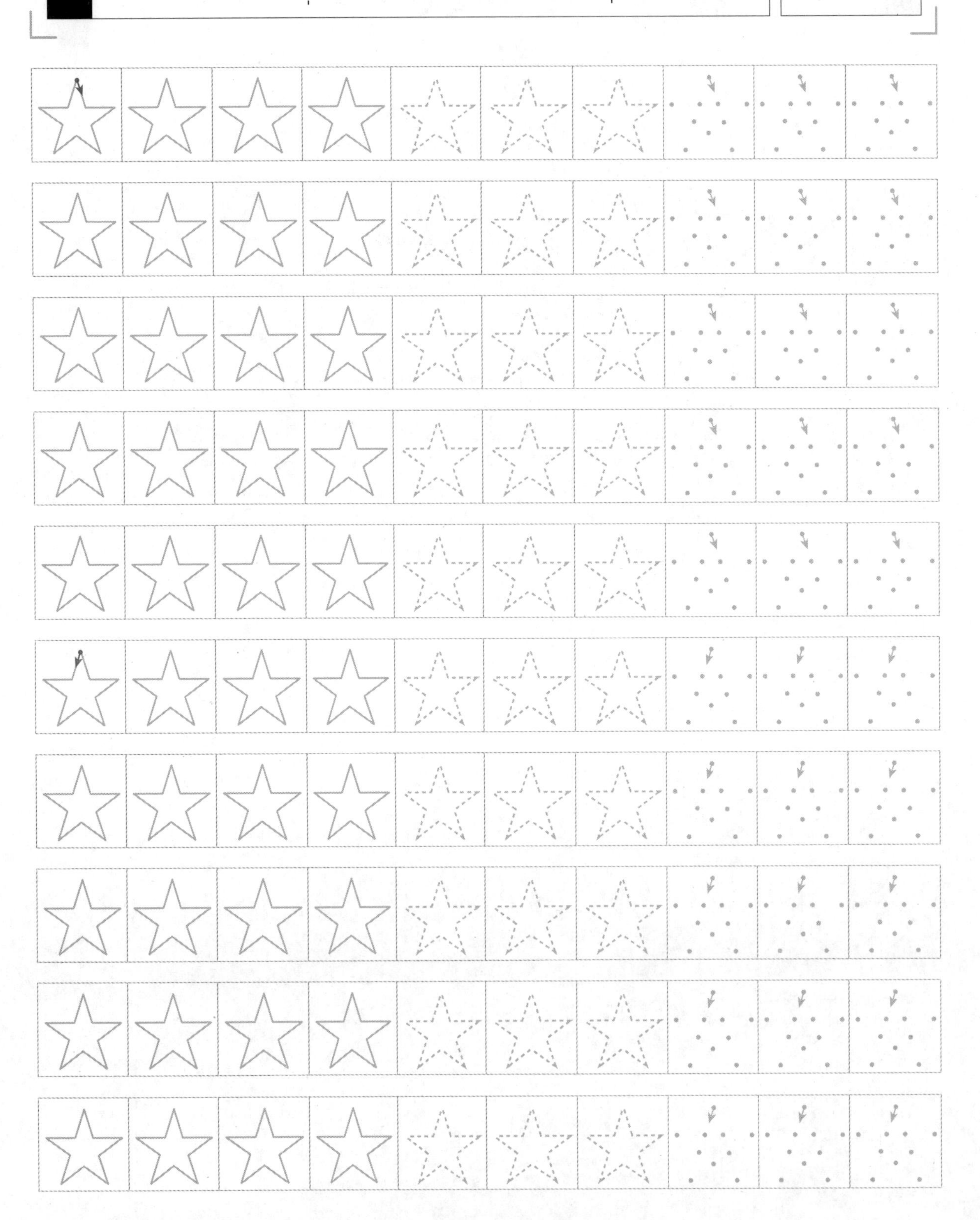

八向点线

八向点线

①正向由重到轻画八向点线，按笔时手指发力，提笔时手腕发力。反向由轻到重画时，主要是手指发力。
②注意感受向不同方向画时手指、手腕的力度变化。

扫码看视频

训练目标

八个方向点线的组合训练。

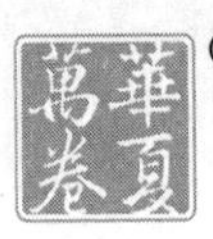

例字专项练习

前面我们练习了树形线、星形线和八向点线，这些线条可以帮助我们加强对不同方向笔画的控制能力。下面我们对相关例字进行集中练习。

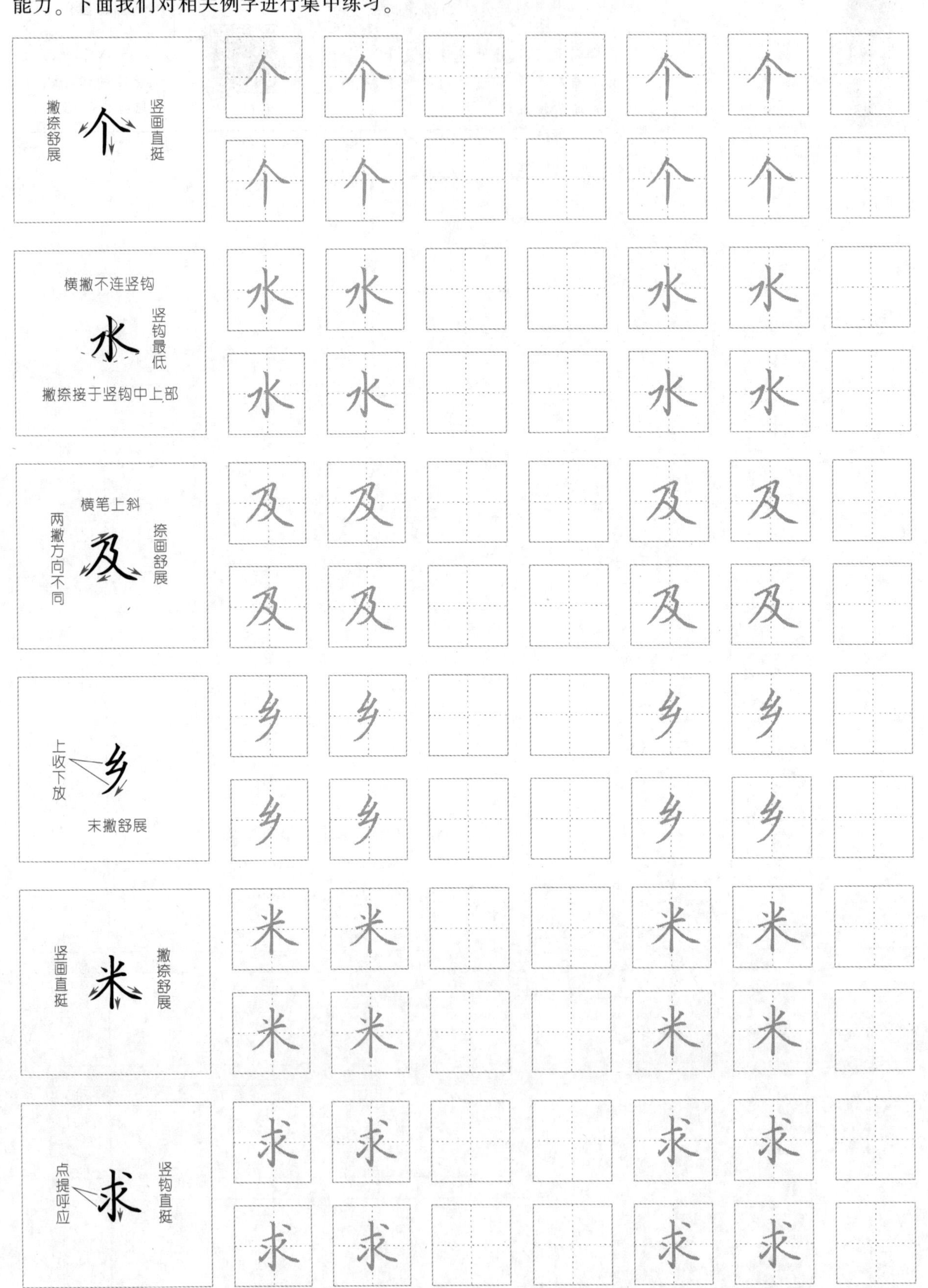

力度控笔

短斜线

短斜线

①入笔重、收笔轻时，按笔手指发力，提笔手腕发力；入笔轻、收笔重时，主要是手指发力。

②注意轻重变化。

扫码看视频

训练目标

短斜线力度轻重变化控笔训练。

一 字 线

一字线

①由重到轻画一字线时，按笔手指发力，提笔手腕发力；由轻到重画一字线时，轻入笔，手指逐渐加力。
②注意轻重变化，一字线等距且平行。

扫码看视频

训练目标

横向力度轻重变化控笔训练。

竖针线

竖针线

①由重到轻、由轻到重画竖针线时，都主要是食指发力。
②注意轻重变化，起、收位置对齐。

扫码看视频

训练目标

竖向力度轻重变化控笔训练。

例字专项练习

前面我们练习了短斜线、一字线和竖针线，这些线条可以帮助我们加强对笔画轻重变化的控制能力。下面我们对相关例字进行集中练习。

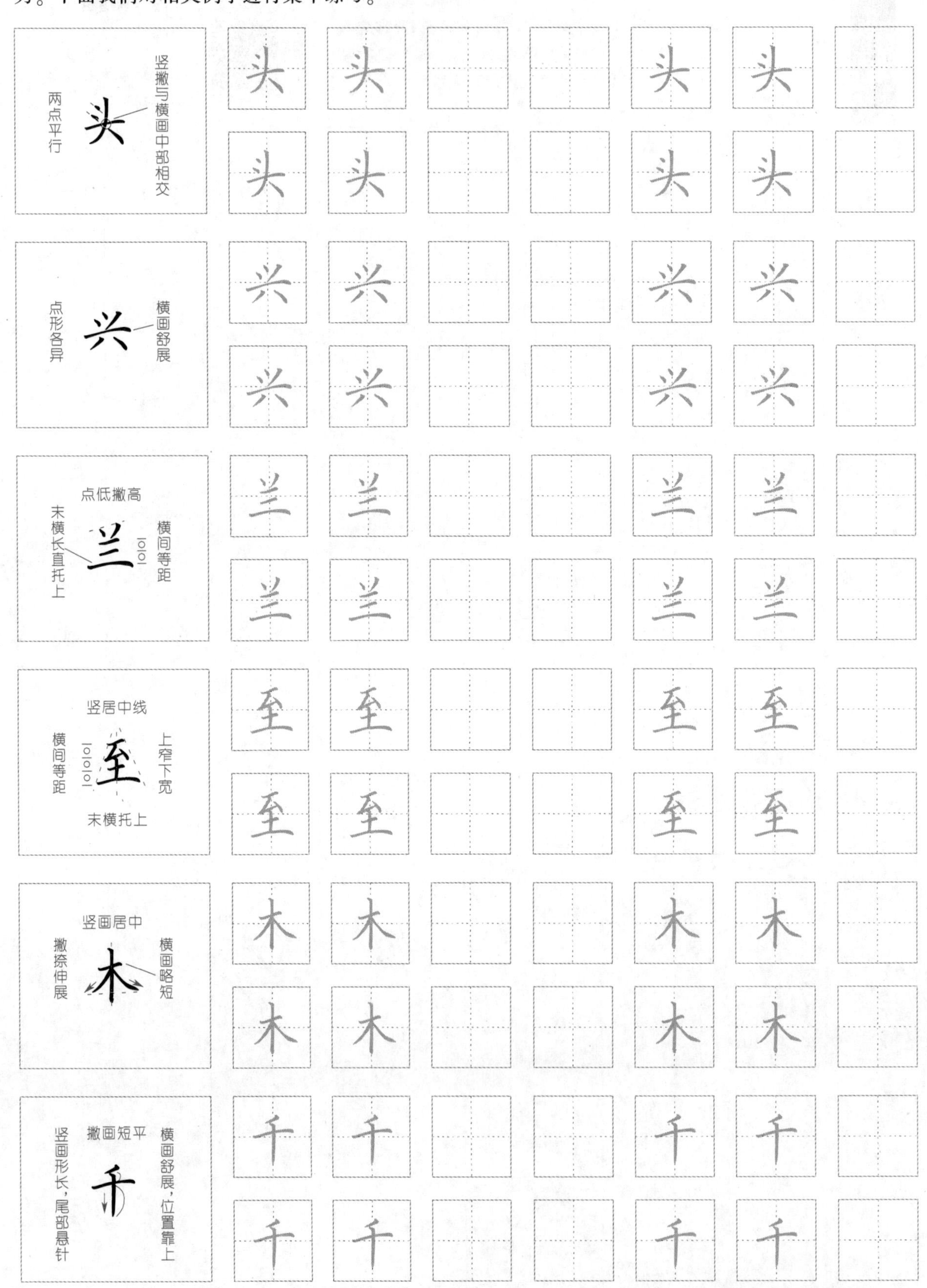

左钉子线

左钉子线

①画左钉子线时，主要是指腕配合发力。先由重到轻画，再由轻到重画。
②注意感受轻重变化。

扫码看视频

训练目标

左斜力度轻重变化控笔训练。

右钉子线

右钉子线

①和短斜线形状相似，画右钉子线主要是指腕配合发力，行笔过程比画短斜线稍长。
②注意感受轻重变化。

训练目标

右斜力度轻重变化控笔训练。

圆圈线

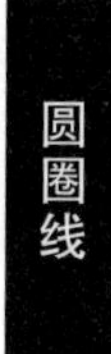

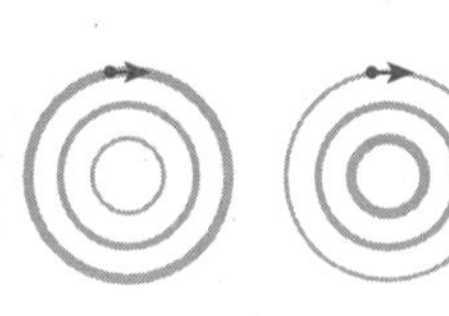

①先顺时针依次画由粗到细的圆圈，再依次画由细到粗的圆圈。
②注意线条轻重变化，线条间距相等。

扫码看视频

训练目标

圆圈曲线的粗细变化控笔训练。

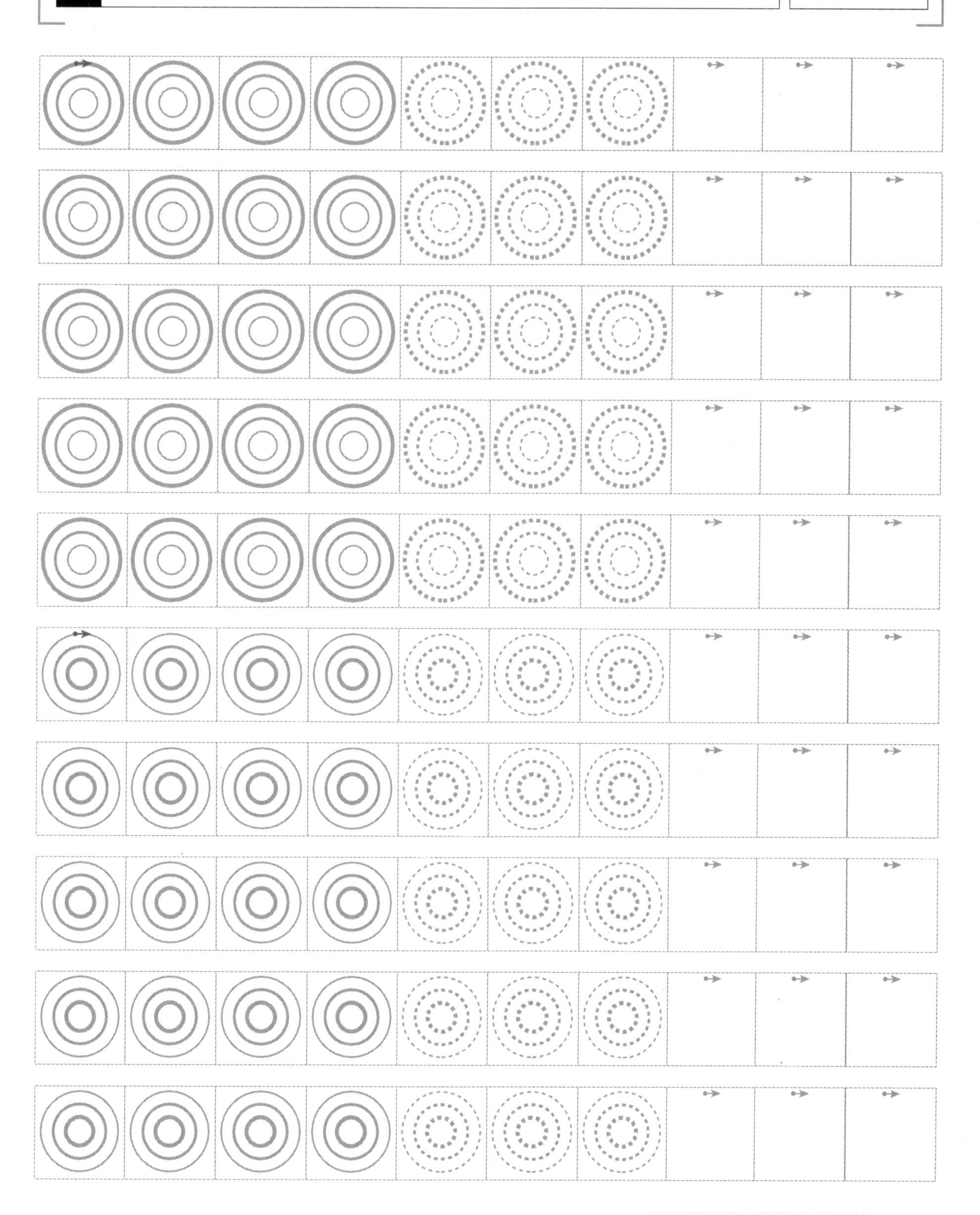

本页练习时间：______分钟

例字专项练习

前面我们练习了左钉子线、右钉子线和圆圈线，这些线条可以帮助我们加强对笔画轻重变化的控制能力。下面我们对相关例字进行集中练习。

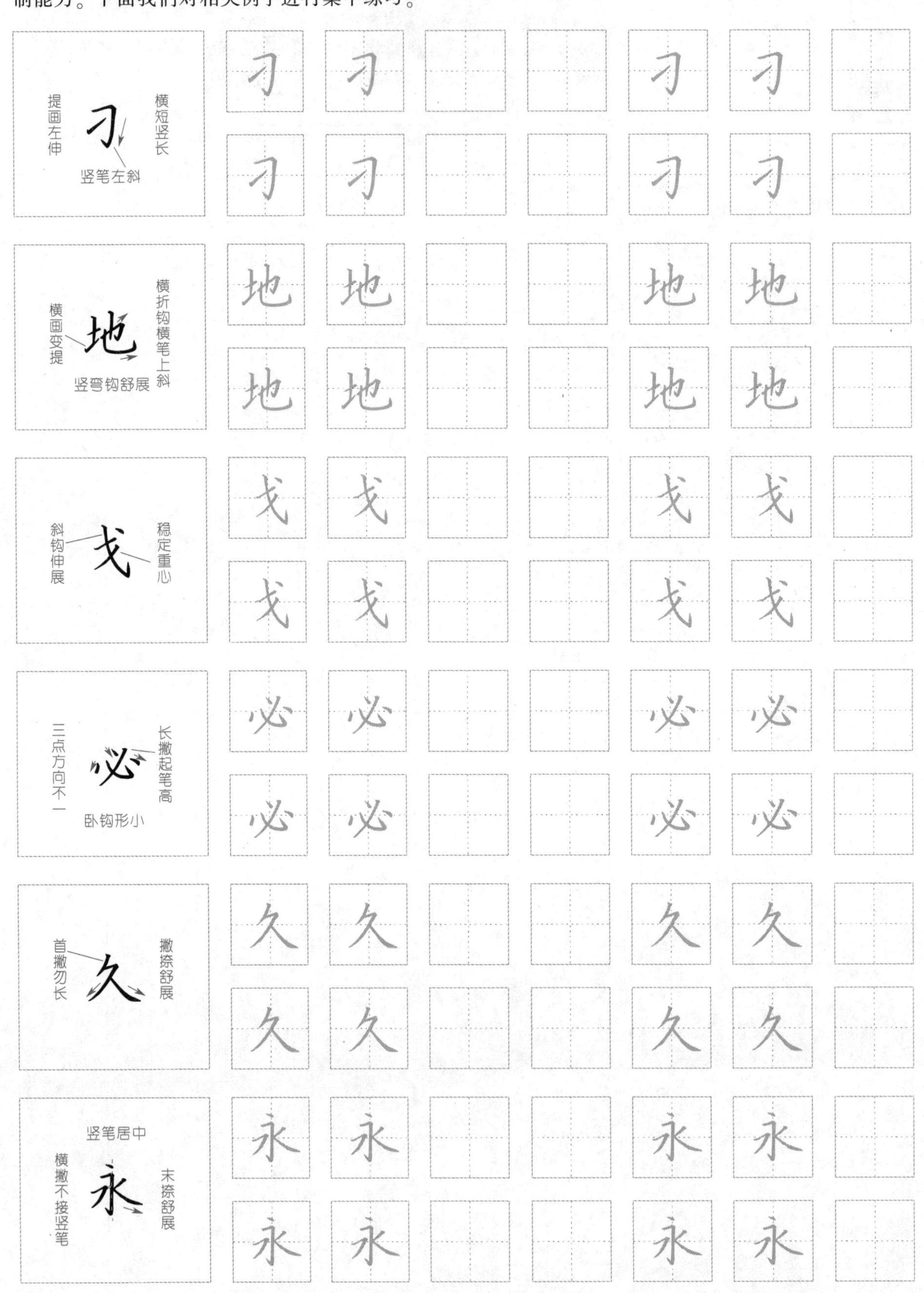

高频汉字强化练习

汉字的总数超过8万，但是大部分不常见也不常用。其中一部分汉字在日常生活中使用极为频繁，掌握这些字，就基本能满足日常书写、应用的需要。只要掌握高频字的书写方法，写出漂亮的楷书就不再是难事。下面我们从实用的角度出发，精选工作生活中使用频率较高的字进行练习。

的	的	的	的			是	是	是	是		
在	在	在	在			一	一	一	一		
不	不	不	不			有	有	有	有		
这	这	这	这			个	个	个	个		
上	上	上	上			也	也	也	也		
他	他	他	他			人	人	人	人		
就	就	就	就			对	对	对	对		
说	说	说	说			我	我	我	我		
要	要	要	要			到	到	到	到		
大	大	大	大			多	多	多	多		
把	把	把	把			来	来	来	来		
等	等	等	等			年	年	年	年		

本页练习时间：______分钟

两	两	两	两			从	从	从	从		
而	而	而	而			能	能	能	能		
又	又	又	又			以	以	以	以		
时	时	时	时			会	会	会	会		
之	之	之	之			但	但	但	但		
三	三	三	三			被	被	被	被		
很	很	很	很			下	下	下	下		
后	后	后	后			并	并	并	并		
使	使	使	使			向	向	向	向		
已	已	已	已			出	出	出	出		
用	用	用	用			新	新	新	新		
所	所	所	所			里	里	里	里		
给	给	给	给			她	她	她	她		
更	更	更	更			次	次	次	次		

本页练习时间：______分钟

最	最	最	最			于	于	于	于		
可	可	可	可			去	去	去	去		
由	由	由	由			小	小	小	小		
让	让	让	让			其	其	其	其		
你	你	你	你			起	起	起	起		
天	天	天	天			它	它	它	它		
高	高	高	高			做	做	做	做		
家	家	家	家			再	再	再	再		
或	或	或	或			才	才	才	才		
前	前	前	前			走	走	走	走		
却	却	却	却			二	二	二	二		
条	条	条	条			位	位	位	位		
各	各	各	各			成	成	成	成		
元	元	元	元			比	比	比	比		

本页练习时间：________分钟

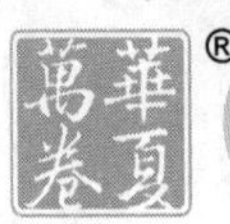

同	同	同	同			四	四	四	四		
名	名	名	名			想	想	想	想		
如	如	如	如			该	该	该	该		
内	内	内	内			本	本	本	本		
点	点	点	点			至	至	至	至		
此	此	此	此			副	副	副	副		
无	无	无	无			张	张	张	张		
月	月	月	月			则	则	则	则		
日	日	日	日			老	老	老	老		
作	作	作	作			五	五	五	五		
事	事	事	事			像	像	像	像		
水	水	水	水			党	党	党	党		
每	每	每	每			外	外	外	外		
全	全	全	全			因	因	因	因		

岁	岁	岁	岁			件	件	件	件		
分	分	分	分			便	便	便	便		
即	即	即	即			总	总	总	总		
带	带	带	带			既	既	既	既		
钱	钱	钱	钱			自	自	自	自		
吃	吃	吃	吃			非	非	非	非		
进	进	进	进			受	受	受	受		
国	国	国	国			近	近	近	近		
美	美	美	美			话	话	话	话		
开	开	开	开			写	写	写	写		
十	十	十	十			站	站	站	站		
问	问	问	问			快	快	快	快		
讲	讲	讲	讲			见	见	见	见		
法	法	法	法			书	书	书	书		

图书在版编目（CIP）数据

楷书入门. 控笔训练 ：高效图解版 / 华夏万卷编；
周培纳书. —上海：上海交通大学出版社，2020
ISBN 978-7-313-24352-2

Ⅰ. ①楷… Ⅱ. ①华… ②周… Ⅲ. ①硬笔字—楷书
—法帖 Ⅳ. ①J292.12

中国版本图书馆 CIP 数据核字（2020）第 244922 号

楷书入门·控笔训练（高效图解版）
KAISHU RUMEN·KONGBI XUNLIAN (GAOXIAO TUJIE BAN)
华夏万卷 编 周培纳 书

出版发行：上海交通大学出版社　　地　址：上海市番禺路 951 号
邮政编码：200030　　电　话：021-64071208
印　刷：成都祥华印务有限责任公司　　经　销：全国新华书店
开　本：880mm×1230mm 1/16　　印　张：4
字　数：96 千字
版　次：2020 年 12 月第 1 版　　印　次：2020 年 12 月第 1 次印刷
书　号：ISBN 978-7-313-24352-2
定　价：22.00 元

全国服务热线：028-85939832

華夏萬卷®华夏万卷

让人人写好字

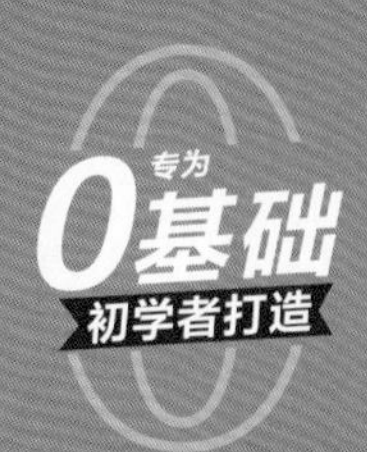

赠

连点控笔训练

华夏万卷 编 周培纳 书 中国书法家协会会员 西泠印社社员

练字计划本

与《楷书入门·控笔训练（高效图解版）》配套使用

目 录

C—O—N—T—E—N—T—S

第　天　**左点、右点**

______月______日　用时______分钟

练习方法：左点应轻入笔，从右上向左下行笔。由轻到重书写，呈头细尾粗之态。

练习方法：右点应轻入笔，从左上向右下行笔。由轻到重书写，呈头细尾粗之态。

第 天 短横、长横

____月____日 用时____分钟

练习方法：短横起笔较轻，向右上直行，收笔略顿。书写时注意保持形态短直。

练习方法：长横起笔稍顿，行笔由轻到重，收笔向下稍按。整体形长，略向右上倾斜。

第 天 悬针竖、垂露竖

______月______日　用时______分钟

练习方法：悬针竖起笔稍顿，转笔下行，渐行渐提，收笔出尖，形如针尖。整体上粗下尖。

练习方法：垂露竖起笔稍顿，转笔下行，收笔轻顿，形如露珠。整体直挺有力。

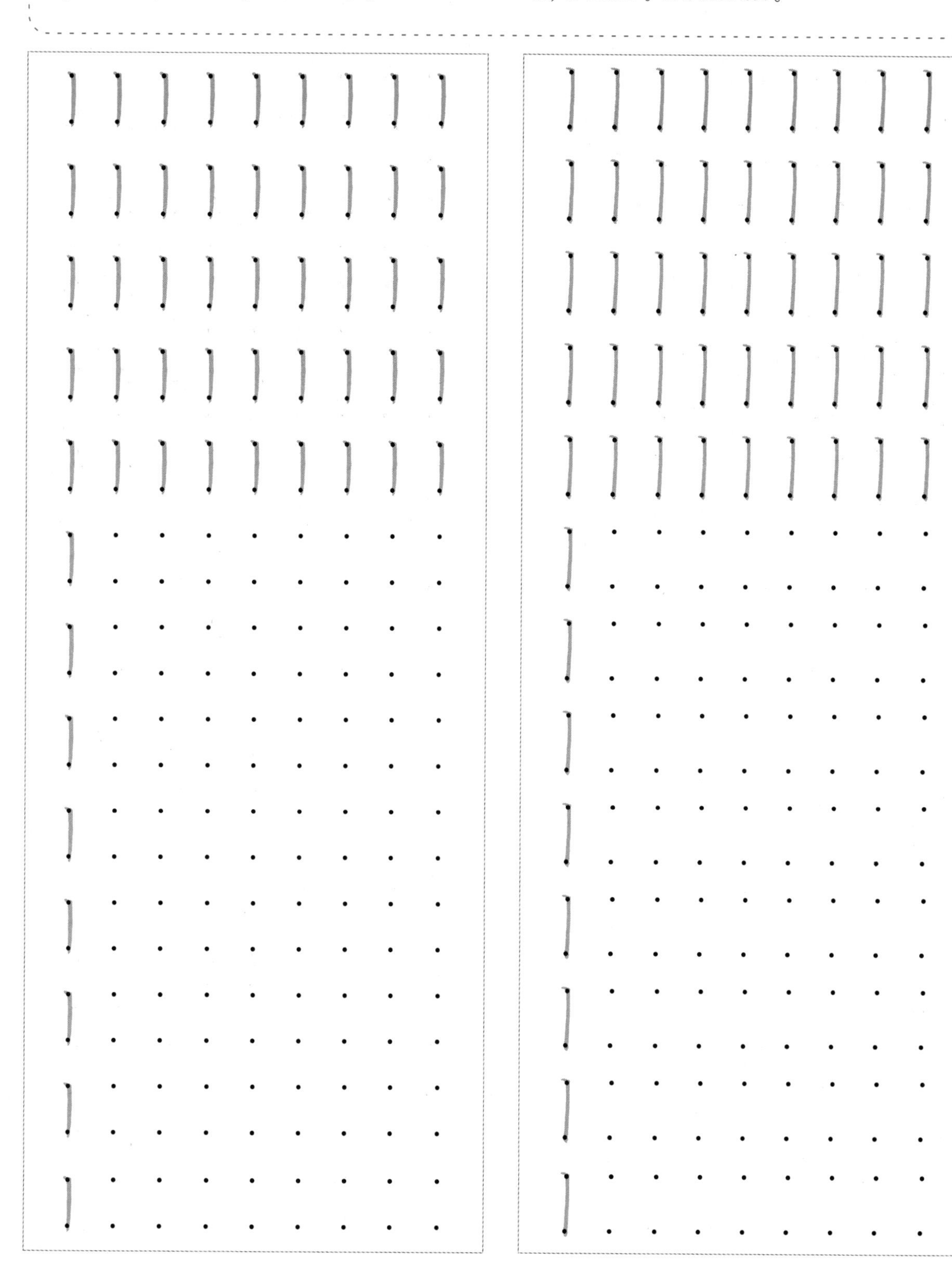

第 天 斜撇、竖撇

______月______日 用时______分钟

练习方法：斜撇入笔轻顿，由重到轻向左下行笔，收笔出锋自然。斜撇略带弧度，弧度不要太大。

练习方法：竖撇入笔轻顿，向下行笔，至中段转向左下撇出，收笔出锋自然。竖撇上部直，下部弯。

第 天 **斜捺、平捺**

______月______日　用时______分钟

练习方法：斜捺从左上轻入笔，向右下方行笔，尾部方向改变，平向出锋。

练习方法：平捺入笔先平向行笔，然后转向右下，尾部向右平向出锋。

第　天　提画、竖提

______月______日　用时______分钟

练习方法：提画起笔略顿，向右上出提，行笔要稳，逐渐变轻，尾部出锋。

练习方法：竖提起笔稍顿，先从上到下写竖，竖末轻顿，转笔向右上迅速出提，力送提尖。

第 天 横折、竖折

______月______日 用时______分钟

练习方法：横折横笔略向右上倾斜，横末顿笔写竖，竖笔稍向左倾斜。注意转折处的停顿。

练习方法：竖折起笔轻顿，竖末转笔写横，转折处要稍微停顿蓄势，横笔略向右上斜，末尾轻顿。

第 天 撇点、撇折

______月______日 用时______分钟

练习方法：撇点先写撇，撇末转笔再写点，转折过渡自然。撇点折角的角度稍大，点为长点。

练习方法：撇折的撇不出锋，转折处有明显的顿笔。书写时注意夹角不要写得过大。

第　天　横钩、竖钩

______月______日　　用时______分钟

练习方法：横钩横长钩短，横末稍顿笔，向左下出钩，出钩短小有力。

练习方法：竖钩起笔轻顿，竖要长而直挺，行笔用力均匀。竖末转向左上出钩，出钩短小有力。

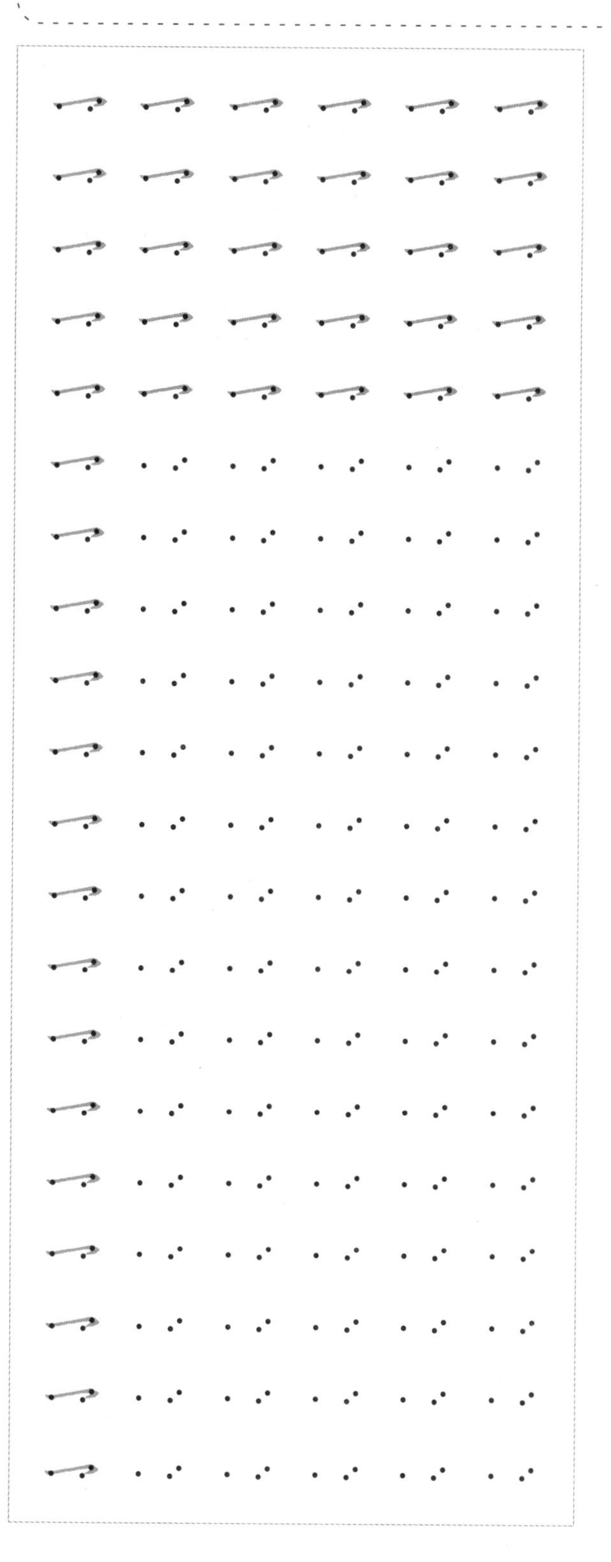

第 天 斜钩、卧钩

____月____日 用时____分钟

练习方法：斜钩整体较长、略弯，弯曲的弧度要适中，线条自然流畅。出钩向上。

练习方法：卧钩入笔较轻，向右下写弧画，底部较平。出钩向左上，指向字心。

第　天　竖弯钩、竖折折钩

______月______日　用时______分钟

练习方法：竖弯钩入笔略顿，向下行笔，转折圆润，横笔尾部向上出钩。

练习方法：竖折折钩两竖笔略向左倾斜，出钩向左上。注意两个转折的形态，左折略方，右折稍圆。

第		天

横折钩、横斜钩

______月______日　用时______分钟

练习方法：横折钩横笔略斜，竖笔略带弧度，出钩向左上。注意转折处的停顿。

练习方法：横斜钩横笔要略向上斜，斜钩弧度流畅，出钩向上。注意转折处稍内收。

第　天　两点水、三点水

____月____日　用时____分钟

练习方法：两点水点画较小，提笔较大。注意行笔的轻重变化，提的倾斜角度较大。

练习方法：三点水首点最小，第二点稍大，提画最长。注意三个笔画的起笔位置呈弧线分布。

第　天　单人旁、双人旁

______月______日　用时______分钟

练习方法：单人旁整体形态窄长。撇画起笔稍顿，尾部出锋，竖为垂露竖。竖画起笔于撇画中部。

练习方法：双人旁整体形态窄长。两撇上短下长，起笔位置对正，竖画形短。

亻 亻 亻 亻 亻 亻 亻 亻 亻
亻 亻 亻 亻 亻 亻 亻 亻 亻
亻 亻 亻 亻 亻 亻 亻 亻 亻
亻 亻 亻 亻 亻 亻 亻 亻 亻
亻 亻 亻 亻 亻 亻 亻 亻 亻
亻
亻
亻
亻
亻
亻
亻
亻
亻
亻
亻

彳 彳 彳 彳 彳 彳 彳 彳 彳
彳 彳 彳 彳 彳 彳 彳 彳 彳
彳 彳 彳 彳 彳 彳 彳 彳 彳
彳 彳 彳 彳 彳 彳 彳 彳 彳
彳 彳 彳 彳 彳 彳 彳 彳 彳
彳
彳
彳
彳
彳
彳
彳
彳
彳
彳
彳

第　天　提手旁、绞丝旁

______月______日　用时______分钟

练习方法：提手旁短横稍上斜，竖钩从短横中间偏右位置穿过，提画左伸。横与提的收笔处齐平。

练习方法：绞丝旁两个撇折夹角上大下小，提画稍短。整体右齐。

扌扌扌扌扌扌扌扌
扌扌扌扌扌扌扌扌
扌扌扌扌扌扌扌扌
扌扌扌扌扌扌扌扌
扌扌扌扌扌扌扌扌
扌
扌
扌
扌
扌
扌
扌
扌
扌
扌

纟纟纟纟纟纟纟纟
纟纟纟纟纟纟纟纟
纟纟纟纟纟纟纟纟
纟纟纟纟纟纟纟纟
纟纟纟纟纟纟纟纟
纟
纟
纟
纟
纟
纟
纟
纟
纟
纟
纟

第 天 食字旁、言字旁

月 日 用时 分钟

练习方法：食字旁撇画起笔稍顿、略长。横钩上斜、勿长。竖提直挺，出提勿长过横钩。

练习方法：言字旁点画稍小、靠右上。横折提横笔上斜，竖笔直挺。

饣 饣 饣 饣 饣 饣 饣 饣
饣 饣 饣 饣 饣 饣 饣 饣
饣 饣 饣 饣 饣 饣 饣 饣
饣 饣 饣 饣 饣 饣 饣 饣
饣 饣 饣 饣 饣 饣 饣 饣
饣
饣
饣
饣
饣
饣
饣
饣
饣

讠 讠 讠 讠 讠 讠 讠 讠
讠 讠 讠 讠 讠 讠 讠 讠
讠 讠 讠 讠 讠 讠 讠 讠
讠 讠 讠 讠 讠 讠 讠 讠
讠 讠 讠 讠 讠 讠 讠 讠
讠
讠
讠
讠
讠
讠
讠
讠
讠

第 天 左耳刀、右耳刀

______月______日　用时______分钟

练习方法：左耳刀整体形态窄长。横撇弯钩形小收敛。竖为垂露竖，画身直挺，注意尾部停顿。

练习方法：右耳刀整体形态窄长。横撇弯钩上收下展。竖为悬针竖，竖画下伸，收笔处要出尖。

阝 阝 阝 阝 阝 阝 阝 阝
阝 阝 阝 阝 阝 阝 阝 阝
阝 阝 阝 阝 阝 阝 阝 阝
阝 阝 阝 阝 阝 阝 阝 阝
阝 阝 阝 阝 阝 阝 阝 阝
阝
阝
阝
阝
阝
阝
阝
阝
阝

阝 阝 阝 阝 阝 阝 阝 阝
阝 阝 阝 阝 阝 阝 阝 阝
阝 阝 阝 阝 阝 阝 阝 阝
阝 阝 阝 阝 阝 阝 阝 阝
阝 阝 阝 阝 阝 阝 阝 阝
阝
阝
阝
阝
阝
阝
阝
阝
阝

第 天 单耳刀、反文旁

______月______日　用时______分钟

练习方法：单耳刀整体形态窄长。横折钩竖笔略向内收，竖画直长下伸。

练习方法：反文旁整体较宽。首撇短，横画收敛，次撇长，捺画舒展。

第 天 草字头、宝盖

____月____日 用时____分钟

练习方法：草字头横画较长，稍上斜。左竖稍短，右撇稍长，右撇起笔高于左竖，注意下方不能相交。

练习方法：宝盖首点稍小，次点形似短竖。横钩横长钩短，出钩稍平。

第 天 厂字头、病字头

______月______日 用时______分钟

练习方法：厂字头横短撇长。注意横、撇要相接，不要远离。

练习方法：病字头首点稍小，横短撇长，左侧点、提靠撇中上段。

厂 厂 厂 厂 厂 厂 厂
厂 厂 厂 厂 厂 厂 厂
厂 厂 厂 厂 厂 厂 厂
厂 厂 厂 厂 厂 厂 厂
厂 厂 厂 厂 厂 厂 厂
厂
厂
厂
厂
厂
厂
厂
厂

疒 疒 疒 疒 疒 疒
疒 疒 疒 疒 疒 疒
疒 疒 疒 疒 疒 疒
疒 疒 疒 疒 疒 疒
疒 疒 疒 疒 疒 疒
疒
疒
疒
疒
疒
疒
疒
疒

第　天　走之、心字底

______月______日　用时______分钟

练习方法：走之点画位置靠右。横折折撇稍小。平捺一波三折，舒展托上。

练习方法：心字底左点最低，卧钩出钩指向左上方，末点最高。三点呈斜线分布。

辶 辶 辶 辶 辶
辶 辶 辶 辶 辶
辶 辶 辶 辶 辶
辶 辶 辶 辶 辶
辶 辶 辶 辶 辶
辶
辶
辶
辶
辶
辶
辶
辶
辶
辶

心 心 心 心 心 心
心 心 心 心 心 心
心 心 心 心 心 心
心 心 心 心 心 心
心 心 心 心 心 心
心
心
心
心
心
心
心
心
心
心

第 天 凶字框、包字头

______月______日 用时______分钟

练习方法：凶字框的竖折竖短横长，末竖略长，尾部向下出头。两竖笔略向内收。

练习方法：包字头的撇画不要写得太长。横折钩于撇画中下部起笔，竖笔略内收。

第 天 同字框、门字框

______月______日　用时______分钟

练习方法：同字框框形方正。左竖直挺，横折钩横短竖钩长。横折钩收笔低于左竖。

练习方法：门字框点画位置靠上，左竖直挺，横折钩收笔低于左竖。

第　天　区字框、国字框

____月____日　用时____分钟

练习方法： 区字框整体呈梯形。首横稍上斜，竖折竖笔直挺，横笔较平。注意首横略短于下横。

练习方法： 国字框框形方正。左竖直挺，横折横短竖长，两竖笔收笔左高右低。

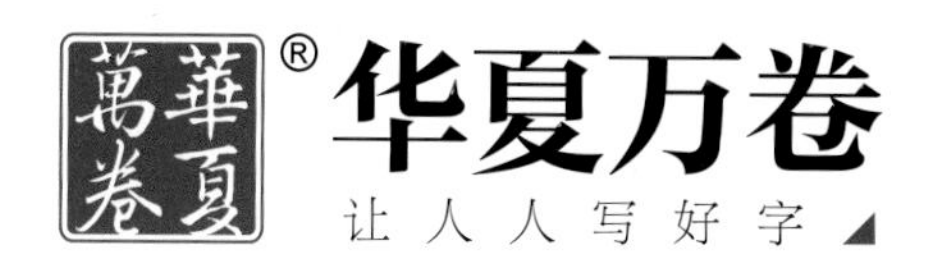

练字 秘诀在这里

练好字，讲究内容、方法以及工具的有效融合。每个特别的您，都需要自己独特的练字秘诀。

二十余年来，上亿人次通过华夏万卷找到了适合自己的练字诀窍。华夏万卷秉承“让人人写好字”的使命追求，致力于国人书写水平及书法艺术修养的提升，始终聚焦于传统书法与现代书写，以字帖为基本价值承载，以专业赢得广大用户的信任。

在这里，还有更多的宝藏等待您去开启：创意书写工具、丰富的在线学习课程以及全新的平台服务。它们，共同在学校、家庭教育及成人自学等场景下，为期望进一步提升书写水平的您提供一站式的解决方案。

想要写好字、想要提升书法艺术水平的您，请扫描二维码，持续关注华夏万卷及各种配套产品，在这里，找到您的练字秘诀！

创意书写

在线学习

平台服务

扫码关注“华夏万卷”
获取更多学习资源

好内容 HAO NEIRONG

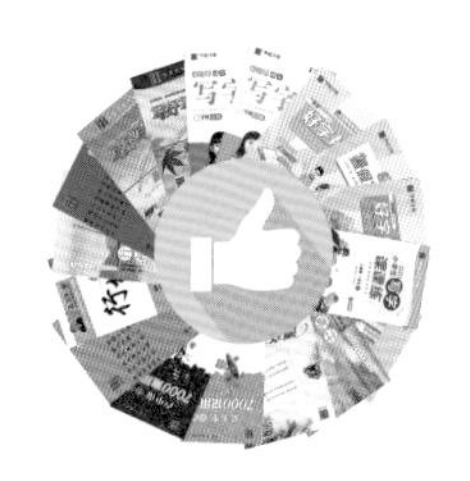

华夏万卷敏锐洞察
不断开拓贴合用户所需的优质题材
甄选适合范字，引领书写风潮

好方法 HAO FANGFA

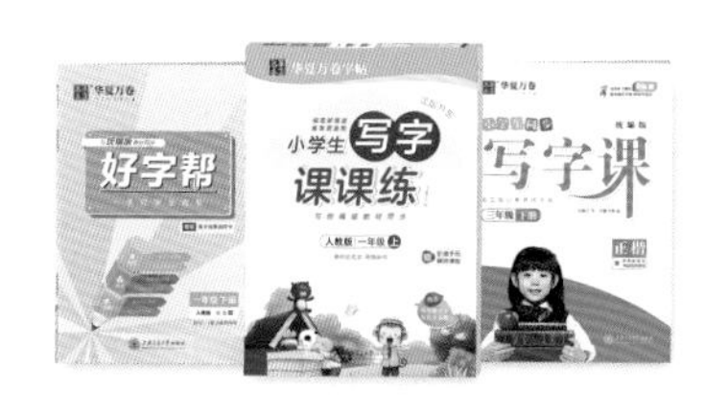

华夏万卷精研积淀
不断锤炼高效练字方法
满足用户不同阶段所需

好工具 HAO GONGJU

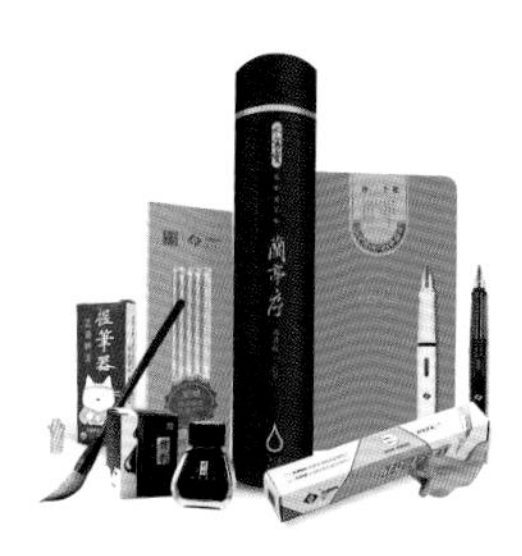

华夏万卷锐意进取
发展出多种练字配套工具
已为数以亿计的练字者提供更高效助力

10004949